mofusand

学習ドリル

漢《かん》字《じ》

小学1年

このドリルについて

- このドリルでは　一年生《いちねんせい》で　ならう　かん字《じ》80字《じ》を　学《がく》しゅうすることが　できます。
- かん字《じ》は　ていねいに　かきましょう。
- わからないことが　あったら　おうちの　ひとに　ききましょう。

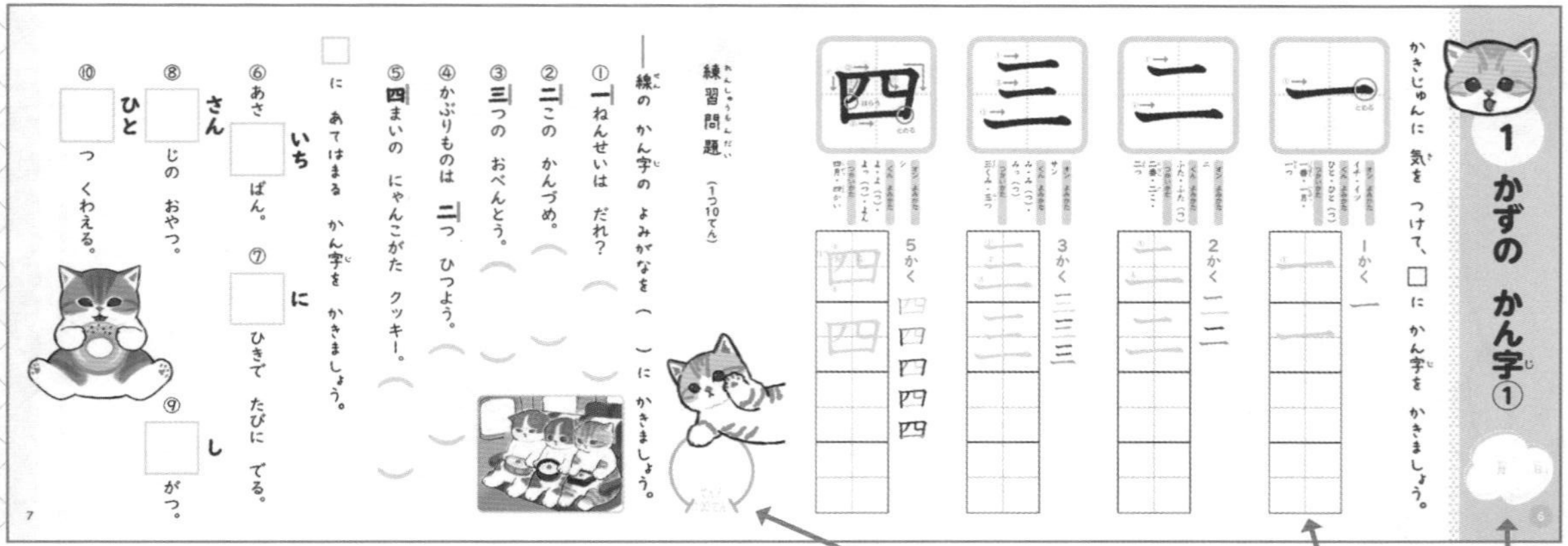

1 かずの　かん字《じ》①
かきじゅんに　気《き》を　つけて、□に　かん字《じ》を　かきましょう。
一
1かく
二
2かく
三
3かく
四
5かく
練習問題《れんしゅうもんだい》（1つ10てん）
―線《せん》の　かん字《じ》の　よみがなを（　）に　かきましょう。
①一ねんせいは　だれ？
②二この　かんづめ。
③三つの　おべんとう。
④かぶりものは　二つ　ひつよう。
⑤四まいの　にゃんこがた　クッキー。
□に　あてはまる　かん字《じ》を　かきましょう。
⑥あさ［いち］ばん。
⑦［に］ひきで　たびに　でる。
⑧［さん］じの　おやつ。
⑨［し］がつ。
⑩［ひと］つ　くわえる。

- ここに　べんきょうした　つきひを　かきます。
- ここに　かん字《じ》を　かいて　べんきょうします。
- こたえあわせは　おうちの　ひとと　やりましょう。
- 一《いっ》かいぶんが　おわったら　シールを　はりましょう。

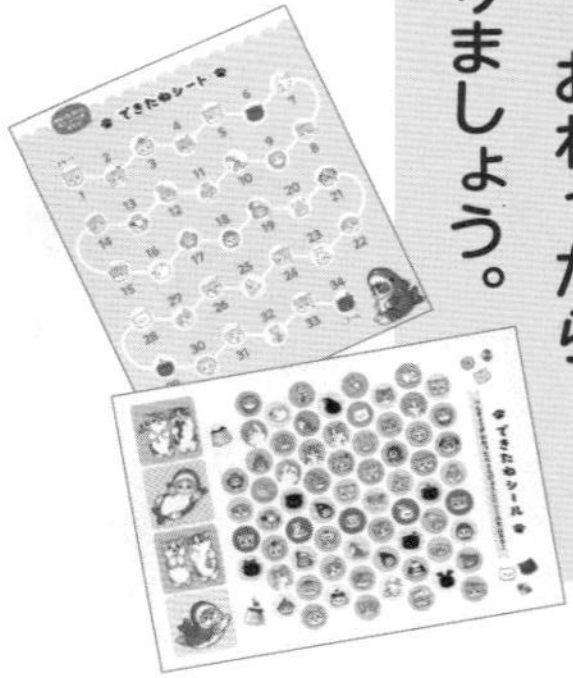

おうちの方へ

○このドリル一冊で、小学一年生で習う漢字80字を勉強することができます。（新学習指導要領に対応しています。）

○見開きページの右側で漢字を習い、左側で練習をします。練習問題には得点がついているので、一緒に答え合わせをして、間違えた読みや書きでは、どうして違うのかを教え、確認してあげてください。

○問題文のいくつかは、にゃんこのイラストに沿っています。にゃんこと楽しく勉強しましょう。

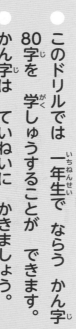

かん字《じ》の　おぼえかた

- かん字《じ》の　おてほんです。
- すう字《じ》は　かきじゅん、やじるしは　かく　ほうこうです。
- 「とめる」「はらう」などは、かん字《じ》を　かくときに　ちゅういする　ところです。

- かくすうです。
- なんかいで　かん字《じ》を　かくかを　あらわしています。

8かく

- かきじゅんです。
- かきじゅんの　とおりに　かくと　きれいに　かけます。

学学学学学学学学

オン　よみかた
ガク
くん　よみかた
まな（ぶ）
つかいかた
学《がく》しゅう・
学《がく》しゃ・学《まな》びや

- ここで　かん字《じ》の　れんしゅうを　しましょう。
- おてほん、かきじゅんを　よく　みて　かきましょう。

- かん字《じ》の　よみかたと　つかいかたです。
- よみかた：カタカナは　おんよみで、ひらがなは　くんよみです。（　）は、おくりがなです。［　］は　しょうがっこうでは　ならわない　よみかたです。
- つかいかた：この　かん字《じ》を　つかった　ことばです。

一年生《いちねんせい》で ならう かん字《じ》 80字《じ》

学 64

かきじゅんを あらわして います。

この かん字《じ》の でてくる ページを あらわして います。

かくすうの すくない じゅんに ならんで います。

1 かく

一 6

2 かく

二 6
七 8
八 8
九 10
十 10
人 32
入 50
力 28

3 かく

三 6
千 10
土 16
大 22
小 22
上 20
下 20
山 40
川 40
口 26
子 32
女 32
夕 44

4 かく

五 8
六 8
日 14
月 14
火 14
水 16
木 16
中 22
円 34
犬 46
天 44
手 26
王 58

学 64	8かく 金 16	男 32	糸 56	休 52	年 14	立 50	玉 56	文 62
9かく 草 38	青 34	見 52	7かく 赤 34	早 50	竹 40	正 52	田 40	5かく 四 6
音 62	林 38	村 58	花 38	名 62	虫 46	本 64	石 56	左 20
10かく 校 64	空 44	町 58	貝 46	字 62	気 28	生 64	目 26	右 20
12かく 森 38	雨 44	車 56	足 28	先 22	耳 26	6かく 百 10	出 50	白 34

1 かずの かん字《じ》①

かきじゅんに 気《き》を つけて、□に かん字《じ》を かきましょう。

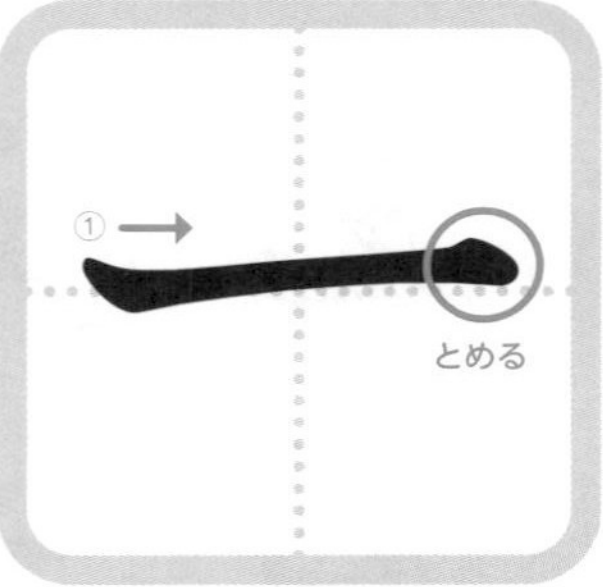

オン よみかた
イチ・イツ
くん よみかた
ひと・ひと（つ）
つかいかた
一番《いちばん》・一月《いちがつ》・一《ひと》つ

1かく

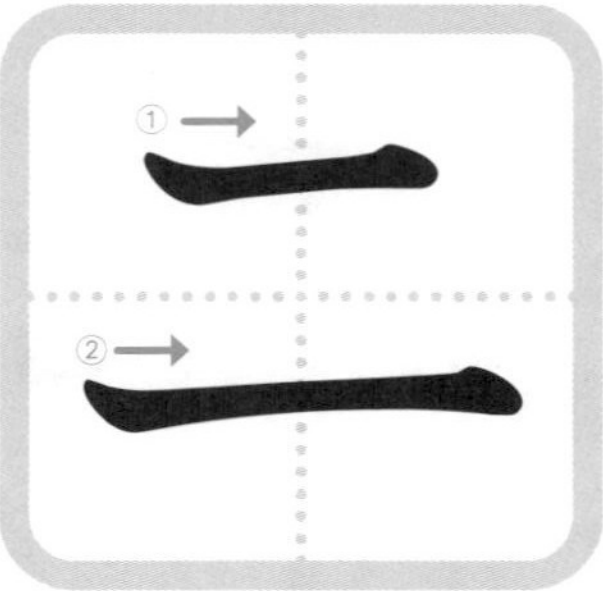

オン よみかた
ニ
くん よみかた
ふた・ふた（つ）
つかいかた
二番《にばん》・二《に》こ・二《ふた》つ

2かく

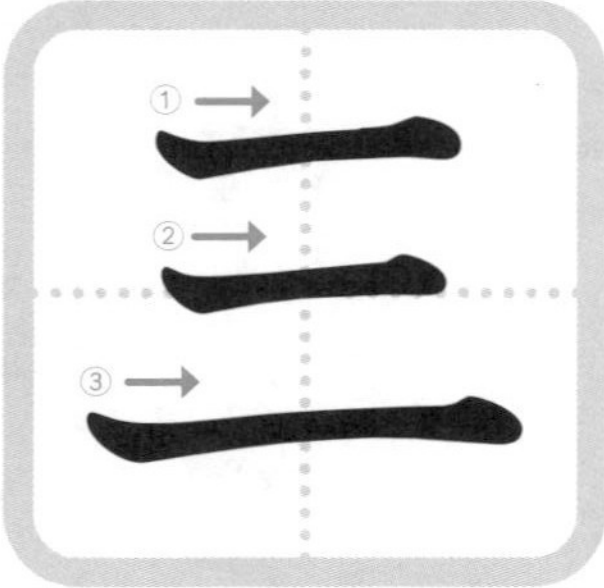

オン よみかた
サン
くん よみかた
み・み（つ）・みっ（つ）
つかいかた
三《さん》くみ・三《みっ》つ

3かく

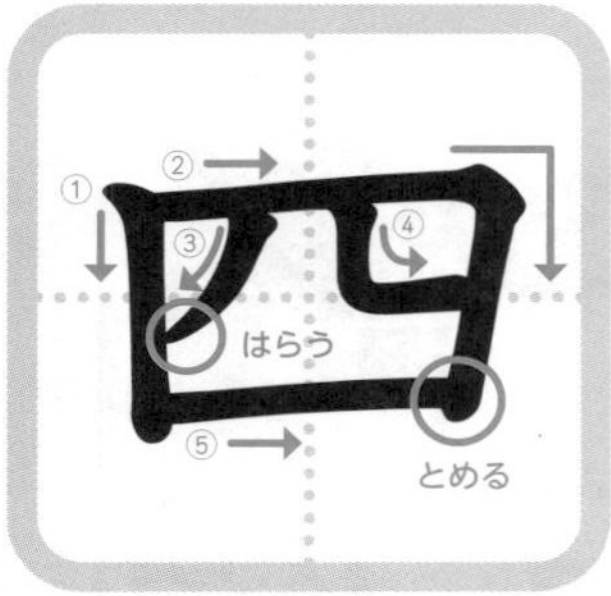

オン よみかた
シ
くん よみかた
よ・よ（つ）・よっ（つ）・よん
つかいかた
四月《しがつ》・四《よん》かい

5かく

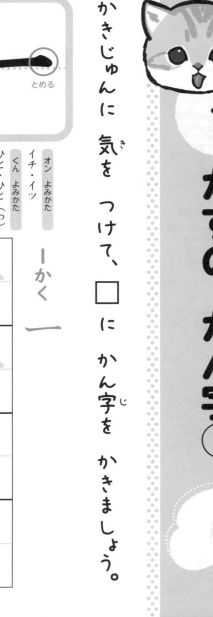

練習問題《れんしゅうもんだい》（1つ10てん）

てん／100てん

線《せん》の かん字《じ》の よみがなを （　） に かきましょう。

① **一**ねんせいは だれ？（　　）

② **二**この かんづめ。（　　）

③ **三**つの おべんとう。（　　）

④ かぶりものは **二**つ ひつよう。（　　）

⑤ **四**まいの にゃんこがた クッキー。（　　）

□ に あてはまる かん字《じ》を かきましょう。

⑥ あさ □（**いち**） ばん。

⑦ □（**に**） ひきで たびに でる。

⑧ □（**さん**） じの おやつ。

⑨ □（**し**） がつ。

⑩ □（**ひと**） つ くわえる。

2 かずの かん字《じ》②

月《がつ》　日《にち》

かきじゅんに 気《き》を つけて、□に かん字《じ》を かきましょう。

オン よみかた
ゴ

くん よみかた
いつ・いつ（つ）

つかいかた
五《ご》かい・五《いつ》つ・
五《ご》ばん・五《いつ》か

4かく
五 五 五 五

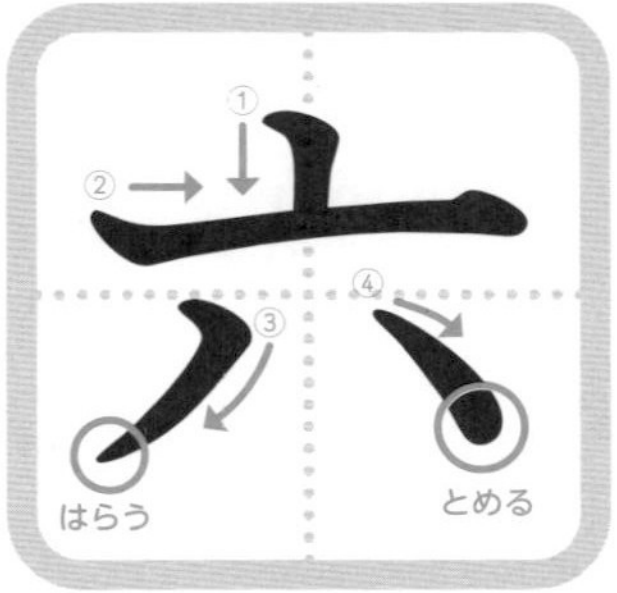

オン よみかた
ロク

くん よみかた
む・む（つ）・
むっ（つ）・むい

つかいかた
六《ろく》ねん・六《むっ》つ・
六《むい》か

4かく
六 六 六 六

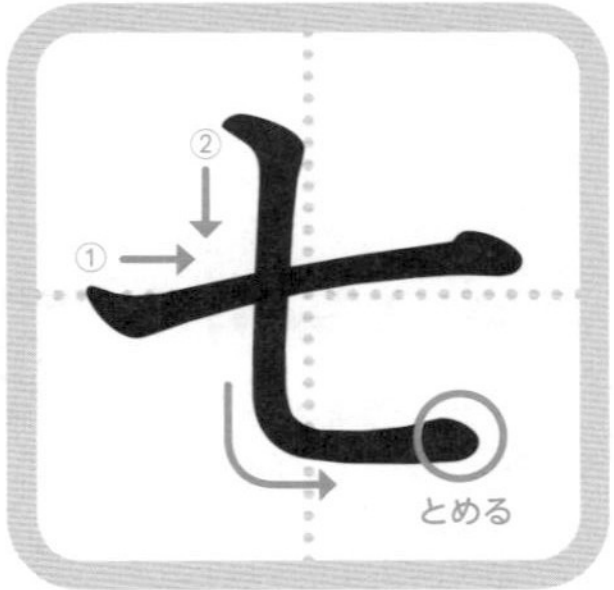

オン よみかた
シチ

くん よみかた
なな・なな（つ）・
なの

つかいかた
七《しち》がつ・七《なな》つ

2かく
七 七

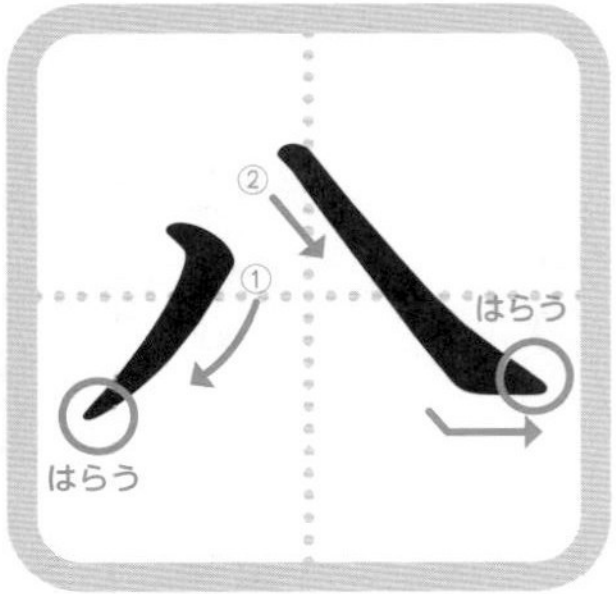

オン よみかた
ハチ

くん よみかた
や・や（つ）・
やっ（つ）・よう

つかいかた
八《はち》がつ・八《やっ》つ

2かく
八 八

練習問題《れんしゅうもんだい》

（1つ10てん）

てん／100てん

線《せん》の かん字《じ》の よみがなを （　）に かきましょう。

① 五じに かえる。（　）

② 六わの ペンギン。（　）

③ 七ひきの くろねこ。（　）

④ 八じの でんしゃに のる。（　）

⑤ 八つの ボール。（　）

□に あてはまる かん字《じ》を かきましょう。

⑥ □《いつ》つの だんご。

⑦ □《むっ》つの さくらんぼ。

⑧ □《しち》じに ごはんを たべる。

⑨ 四《し》がつ □《よう》か。

⑩ じゅうがつ □《むい》か。

3 かずの かん字《じ》③

月《がつ》 日《にち》

かきじゅんに 気《き》を つけて、□に かん字《じ》を かきましょう。

九

はねる
はらう

オン よみかた
キュウ・ク
くん よみかた
ここの・ここの（つ）
つかいかた
九《きゅう》ほん・九《ここの》つ・九《く》じ

2かく

十

とめる

オン よみかた
ジュウ・ジッ
くん よみかた
とお・と
つかいかた
十《じゅう》じ・十《じっ》かい・十《とお》か・五十《ごじゅう》

2かく

百

オン よみかた
ヒャク
つかいかた
百《ひゃく》ねん・百《ひゃっ》こ・百《ひゃっ》かい

6かく

千

オン よみかた
セン
くん よみかた
ち
つかいかた
千《せん》ねん・千《せん》ぼん・千《ち》ばけん

3かく

練習問題《れんしゅうもんだい》

（1つ10てん）

てん／100てん

線《せん》の かん字《じ》の よみがなを（　）に かきましょう。

① **九**この たこやき。（　）

② しゅうまい **十**こ ください。（　）

③ **百**えんを おとして なく。（　）

④ おこづかいに **千**えん もらう。（　）

⑤ **十**がつの ハロウィン。（　）

□に あてはまる かん字《じ》を かきましょう。

⑥ □（**ここの**）つの いちご。

⑦ 一《いち》がつ □（**とお**）か。

⑧ まぐろかん一《ひと》つ、二《に》□（**ひゃく**）えんです。

⑨ □（**せん**）びきの ねこ。

⑩ □（**く**）がつ三《みっ》か。

4 ふくしゅうドリル①

てん/100てん

月《がつ》　日《にち》

1 かずの おおきい ほうの（ ）に、○を かきましょう。（1つ5てん）

①（　）（　）
一　三

②（　）（　）
五　二

③（　）（　）
三　四

④（　）（　）
六　二

⑤（　）（　）
五　七

⑥（　）（　）
九　六

⑦（　）（　）
七　八

⑧（　）（　）
十　九

⑨（　）（　）
十　百

⑩（　）（　）
百　千

2

線《せん》の かん字《じ》の よみがなを （　　）に かきましょう。

（1つ5てん）

① 一にちじゅう ねて います。

② ハチが 八ぴき。

③ ぼくは 九つ です。

④ 四さつの ほん。

⑤ 千よがみで つるを おる。

3

□に あてはまる かん字《じ》を かきましょう。

（1つ5てん）

① み □かづき。

② しち □五《ご》三《さん》の おまいり。

③ ろく □がつの あめ。

④ とお □かに あう。

⑤ ともだち ひゃく □にん。

5 年《とし》や 日《ひ》にちの かん字《じ》①

かきじゅんに 気《き》を つけて、□に かん字《じ》を かきましょう。

オン よみかた
ネン

くん よみかた
とし

つかいかた
一年《いちねん》せい・
年《とし》あけ

6かく

年年年年年年

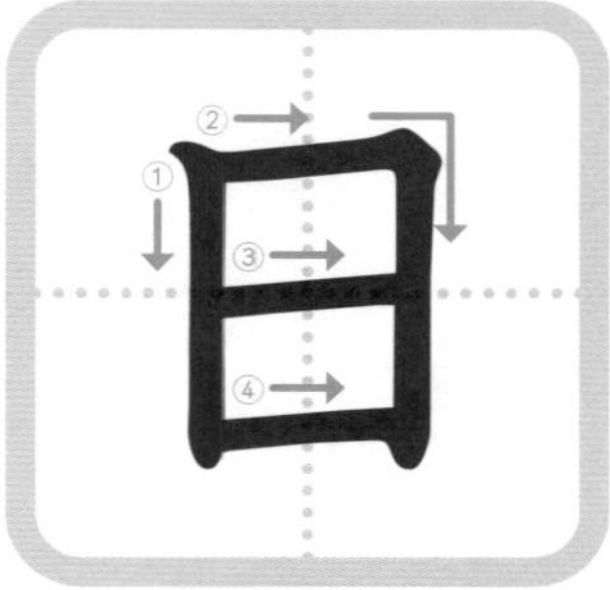

オン よみかた
ニチ・ジツ

くん よみかた
ひ・か

つかいかた
日《にち》じ・がん日《じつ》
日《ひ》づけ・八日《ようか》

4かく

日日日日

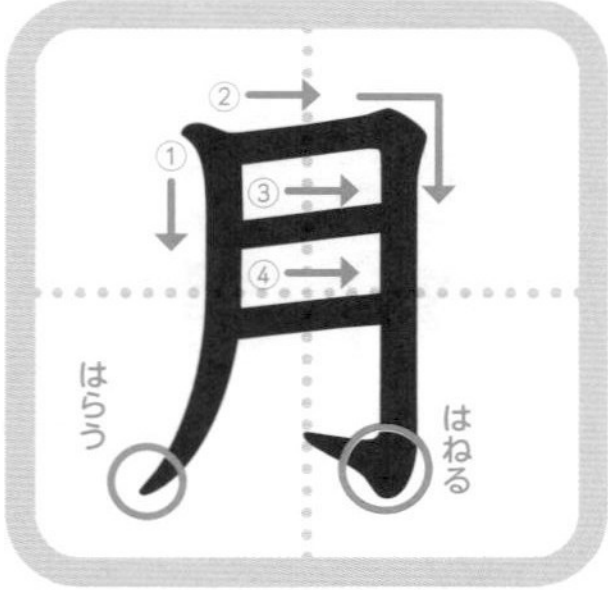

オン よみかた
ゲツ・ガツ

くん よみかた
つき

つかいかた
せん月《げつ》・
しょう月《がつ》・月日《つきひ》・
年月《としつき》

4かく

月月月月

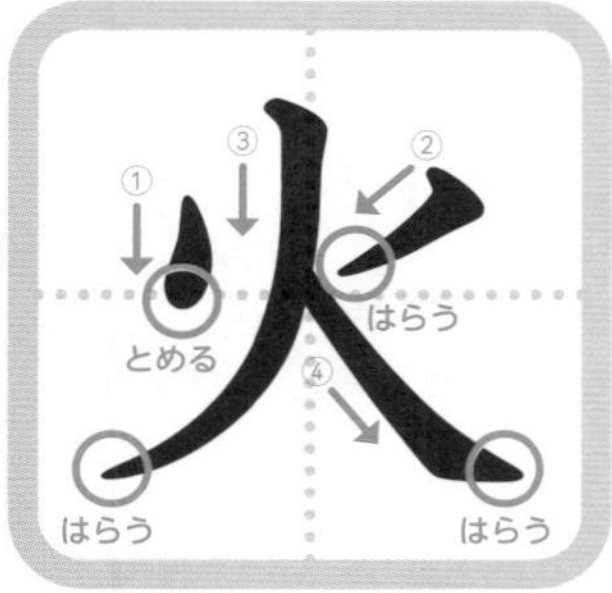

オン よみかた
カ

くん よみかた
ひ

つかいかた
火《か》ようび・
火《ひ》の もと

4かく

火火火火

月《がつ》 日《にち》

練習問題《れんしゅうもんだい》

（1つ10てん）

線《せん》の かん字《じ》の よみがなを （　）に かきましょう。

① **年**うえの おねえさん。（　）

② きゅう**日**に でかける。（　）

③ **月**よに ほしを みる。（　）

④ **火**じに ちゅうい する。（　）

⑤ しょ**日**に あいさつを する。（　）

□に あてはまる かん字《じ》を かきましょう。

⑥ らい□《ねん》。

⑦ きねん□《び》の おはな。

⑧ まんまるの まん□《げつ》。

⑨ たき□《び》。

⑩ 二《に》□《がつ》十四《じゅうよっ》日《か》は バレンタインデー。

6 年《とし》や 日《ひ》にちの かん字《じ》②

月《がつ》　日《にち》

かきじゅんに 気《き》を つけて、□に かん字《じ》を かきましょう。

オン よみかた　スイ

くん よみかた　みず

つかいかた　水《すい》ちゅう・あま水《みず》・水《すい》ようび

4かく

水 水 水 水

オン よみかた　モク・ボク

くん よみかた　き・こ

つかいかた　木《もっ》きん・木《ぼく》とう・木《き》こり・木《こ》だち

4かく

木 木 木 木

オン よみかた　キン・コン

くん よみかた　かね・かな

つかいかた　金《きん》か・おう金《ごん》・金《かね》もち・金《かな》づち

8かく

金 金 金 金 金 金 金 金

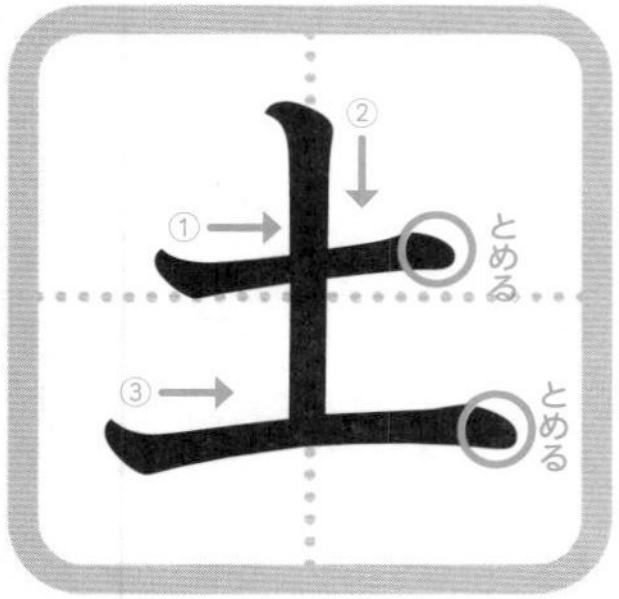

オン よみかた　ド・ト

くん よみかた　つち

つかいかた　土《ど》て・土《と》ち・土《つち》あそび

3かく

土 土 土

練《れん》習《しゅう》問《もん》題《だい》 （1つ10てん）

てん／100てん

―線《せん》の かん字《じ》の よみがなを（　）に かきましょう。

①**水**えいちゅう、サメに であう。（　　）

②つみ**木**あそびを たのしむ。（　　）

③お**金**を ひろう。（　　）

④ウサギは **土**を ほるのが とくいです。（　　）

⑤おにに **金**ぼう。（　　）

□に あてはまる かん字《じ》を かきましょう。

⑥□《みず》たまり。

⑦□《こ》かげで ひるね。

⑧おとしだまを ちょ□《きん》する。

⑨□《ど》そく げんきん。

⑩□《もく》ざい。

7 ふくしゅうドリル②

1 スタートから じゅんばんに、よう日《び》の かん字《じ》を いれて かんせいさせましょう。（1つ5てん）

スタート

①にち □ → ②げつ □ → ③か □ → ④すい □ → ⑤もく □ → ⑥きん □ → ⑦ど □

ゴール

2 つぎの □ に あてはまる かん字《じ》を かきましょう。（1つ5てん）

①ねん ②にち ③げつ

一《いち》①□、三百六十五《さんびゃくろくじゅうご》②□、十二《じゅうに》か③□。

3

線《せん》の かん字《じ》の よみがなを（　）に かきましょう。（1つ5てん）

① はん年に 一《いち》どの チェック。（　）

② きょうから 日きを かきます。（　）

③ おおきな はな火。（　）

④ 水あそびを たのしむ。（　）

⑤ 金ぎょの せわを する。（　）

4

□に あてはまる かん字《じ》を かきましょう。（1つ5てん）

① 一《いち》がつ七《なの》□《か》。

② □《つき》みだんご。

③ がっこうの たい□《ぼく》。

④ ねん□《ど》。

⑤ □《か》りょくが つよくて こがす。

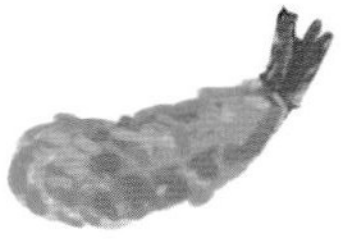

8 ほうこうを あらわす かん字《じ》

月《がつ》 日《にち》

かきじゅんに 気《き》を つけて、□に かん字《じ》を かきましょう。

上

とめる

オン よみかた
ジョウ

くん よみかた
うえ・うわ・かみ・あ（げる）・あ（がる）・のぼ（る）

つかいかた
上《じょう》きゅうせい・上《うわ》ぐつ

3かく

上上上

下

とめる　とめる

オン よみかた
カ・ゲ

くん よみかた
した・しも・（もと）・さ（げる）・さ（がる）・くだ（る）・くだ（す）・くだ（さる）・お（ろす）・お（りる）

つかいかた
上下《じょうげ》・下《くだ》りざか

3かく

下下下

右

とめる　はらう

オン よみかた
ウ・ユウ

くん よみかた
みぎ

つかいかた
右《う》せつ・左右《さゆう》・右《みぎ》て

5かく

右右右右右

左

はらう

オン よみかた
サ

くん よみかた
ひだり

つかいかた
左《さ》せつ・左《ひだり》て

5かく

左左左左左

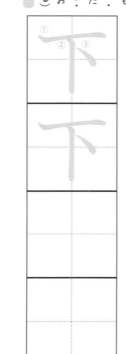

練習問題《れんしゅうもんだい》

（1つ10てん）

てん／100てん

線《せん》の かん字《じ》の よみがなを（　）に かきましょう。

①上を むいて、せのび～。（　）

②下じきを いえに わすれる。（　）

③まわれ右！ そっちじゃ ないよ！（　）

④みちは 左右《ゆう》を よくみて わたりましょう。（　）

⑤上りざかが つづく。（　）

□に あてはまる かん字《じ》を かきましょう。

⑥おく□。（じょう）

⑦かわ□に ある いえ。（しも）

⑧□手《て》は どっち？（みぎ）

⑨ぼくは □きき。（ひだり）

⑩もうすぐ □こう じかん。（げ）

うどん

9 大《おお》きさ・じゅんじょを あらわす かん字《じ》

月《がつ》 日《にち》

かきじゅんに 気《き》を つけて、□に かん字《じ》を かきましょう。

はらう
はらう

大

オン よみかた
ダイ・タイ

くん よみかた
おお・おお（きい）・おお（いに）

つかいかた
大《だい》がく・大《たい》せつ・大《おお》ごえ・大《おお》きい

3かく

とめる
とめる

中

オン よみかた
チュウ・ジュウ

くん よみかた
なか

つかいかた
中《ちゅう》がくせい・ねん中《じゅう》・中《なか》ゆび

4かく

はらう
はねる
とめる

小

オン よみかた
ショウ

くん よみかた
ちい（さい）・こ・お

つかいかた
小《しょう》がくせい・小《ちい》さい・小《こ》えだ・小《お》がわ

3かく

はらう
はねる

先

オン よみかた
セン

くん よみかた
さき

つかいかた
先《せん》しゅう・て先《さき》

6かく

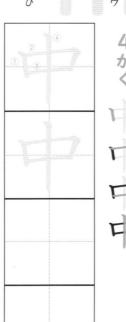

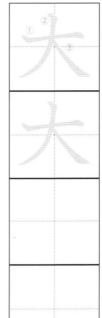

練習問題《れんしゅうもんだい》

（1つ10てん）

線《せん》の かん字《じ》の よみがなを（　）に かきましょう。

① 大あわてで　にげる。（　）

② はなしの　中しん。（　）

③ 小ごえで　はなす。（　）

④ 先とうに　ならぶ。（　）

⑤ 小がっこうへ　いく。（　）

てん／100てん

□に　あてはまる　かん字《じ》を　かきましょう。

⑥ □《だい》じな　ようじ。

⑦ よ□《なか》の　おやつ。

⑧ □《ちい》さい　こには　やさしくね。

⑨ ゆび□《さき》。

⑩ 大《おお》ぐい□《たい》かい。

10 ふくしゅうドリル③

てん/100てん

月《がつ》　日《にち》

1 いみに 気《き》をつけて、□に かん字《じ》を かきましょう。（1つ5てん）

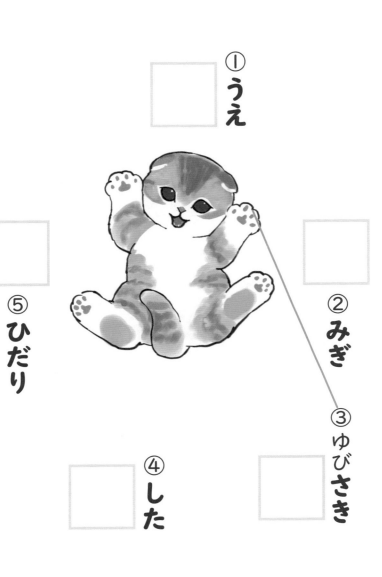

① うえ □

② みぎ □

③ ゆびさき □

④ した □

⑤ ひだり □

⑥ だい □

⑦ ちゅう □

⑧ しょう □

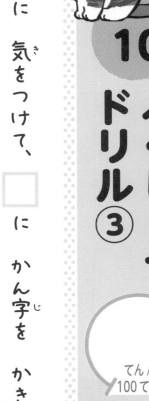

2

線《せん》の　かん字《じ》の　よみがなを（　）に　かきましょう。

（1つ5てん）

① 右に　すわる。（　　）

② 左を　あける。（　　）

③ ち下てつで　おでかけ。（　　）

④ 先せいに　しつもんする。（　　）

⑤ どこまでも　ひろい　大ぞら。（　　）

⑥ みせの　中で　まって　います。（　　）

⑦ 小がく　一《いち》ねんせいです。（　　）

3

□に　あてはまる　かん字《じ》を　かきましょう。

（1つ5てん）

① ちょう□（じょう）。

② □（げ）　たばこを　そうじする。

③ おみくじで　□（だい）　きちが　でた。

④ □（こ）　いし。

⑤ □（さき）　に　たべます。

11 人《ひと》に かんけいする かん字《じ》①

月《がつ》　日《にち》

かきじゅんに 気《き》を つけて、□に かん字《じ》を かきましょう。

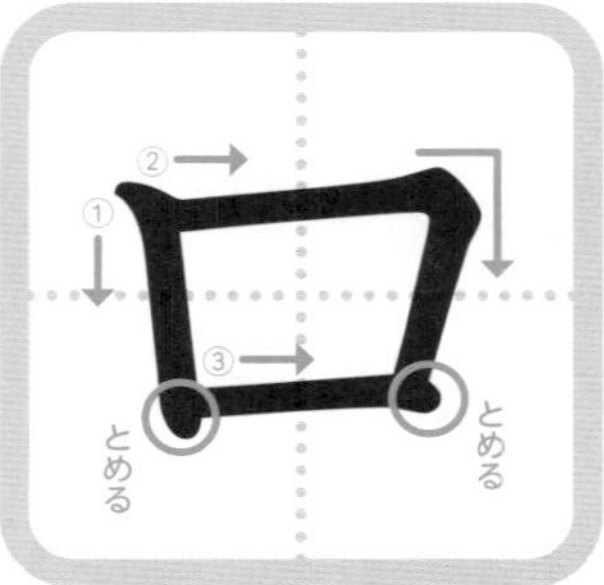

オン よみかた
コウ・ク
くん よみかた
くち
つかいかた
か口《こう》・口《く》ちょう・わる口《くち》

3かく
口口口

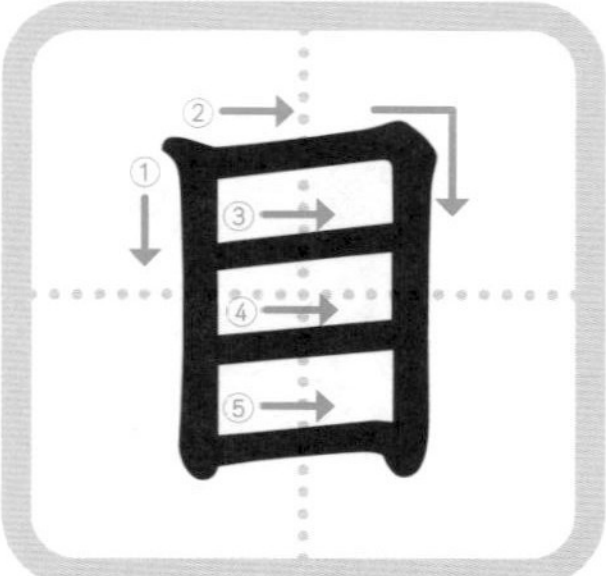

オン よみかた
モク・［ボク］
くん よみかた
め・［ま］
つかいかた
目《もく》じ・目《め》だま

5かく
目目目目目

オン よみかた
［ジ］
くん よみかた
みみ
つかいかた
はつ耳《みみ》

6かく
耳耳耳耳耳耳

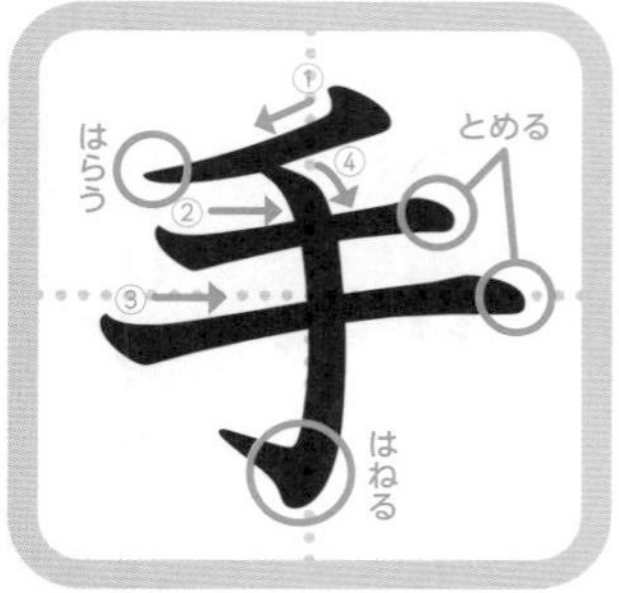

オン よみかた
シュ
くん よみかた
て・［た］
つかいかた
めい手《しゅ》・きっ手《て》

4かく
手手手手

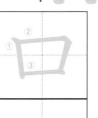

練習問題《れんしゅうもんだい》 （1つ10てん）

てん／100てん

―線《せん》の かん字《じ》の よみがなを （　）に かきましょう。

① じん口の おおい まち。（　　）

② ちゅう目の まと。（　　）

③ 耳の けんさを うける。（　　）

④ はじめましての あく手。（　　）

⑤ 三《さん》ばん目に はしる。（　　）

□に あてはまる かん字《じ》を かきましょう。

⑥ いり□《ぐち》。

⑦ □《め》から なみだが でる。

⑧ □《もく》ひょうを もつ。

⑨ □《くち》を 大《おお》きく あける。

⑩ □《て》あしを うごかす。

12 人《ひと》に かんけいする かん字《じ》②

月《がつ》　日《にち》

かきじゅんに 気《き》を つけて、□に かん字《じ》を かきましょう。

足

はらう　はらう

オン よみかた：ソク

くん よみかた：あし・た（りる）・た（る）・た（す）

つかいかた：五足《ごそく》・手足《てあし》・足《た》しざん

7かく

足足足足足足足

気

はらう　とめる　はねる

オン よみかた：キ・ケ

つかいかた：気《き》おん・気《け》はい

6かく

気気気気気気

力

はらう　はねる

オン よみかた：リョク・リキ

くん よみかた：ちから

つかいかた：ど力《りょく》・力《りき》さく・力《ちから》こぶ

2かく

力力

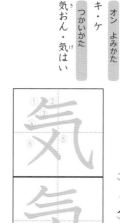

練《れん》習《しゅう》問《もん》題《だい》

（1つ10てん）

てん／70てん

━ 線《せん》の かん字《じ》の よみがなを （　） に かきましょう。

① **足**を いためる。（　　）

② おやつが **足**りない。（　　）

③ なんだか さむ**気**が する。（　　）

④ ぜん**力**で あそぶ。（　　）

□ に あてはまる かん字《じ》を かきましょう。

⑤ たくさん あそんで、まん □（**ぞく**） する。

⑥ げん □（**き**） いっぱい はしる。

⑦ □（**ちから**） こぶ。

13 ふくしゅうドリル④

てん／100てん

月《がつ》　日《にち》

1 からだの ぶぶんに、ただしい かん字《じ》を かきましょう。（1つ10てん）

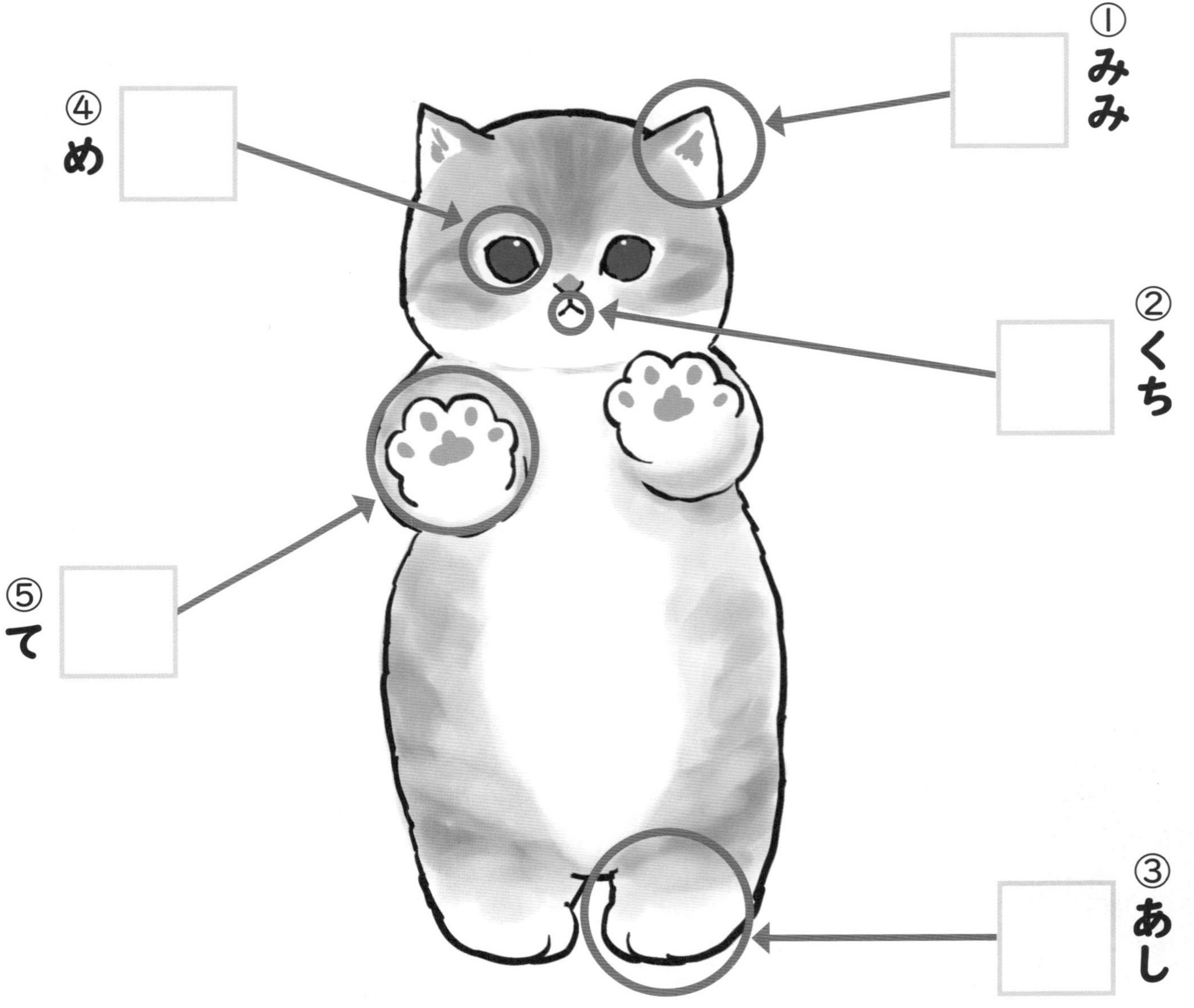

2

線《せん》の かん字《じ》の よみがなを（　）に かきましょう。（1つ5てん）

① 口ぶえを ふく。（　）

② 目ぐすりを さす。（　）

③ 手がみを かく。（　）

④ ウサギの 耳を つけた にゃんこ。（　）

⑤ あしたの えん足が たのしみ。（　）

3

□に あてはまる かん字《じ》を かきましょう。（1つ5てん）

① もく
□ひょうを たてる。

② しゅ
はく□。

③ き
□ぶんが よい。

④ りょく
たい□。

⑤ ちから
ぼくは □もち。

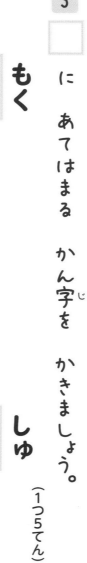

14 人《ひと》に かんけいする かん字《じ》③

月《がつ》　日《にち》

かきじゅんに 気《き》を つけて、□に かん字《じ》を かきましょう。

人

はらう　はらう

オン よみかた
ジン・ニン

くん よみかた
ひと

つかいかた
にほん人《じん》・人《にん》げん・人手《ひとで》

2かく　人人

子

とめる　はねる

オン よみかた
シ・ス

くん よみかた
こ

つかいかた
でん子《し》・よう子《す》・子《こ》ども

3かく　子子子

女

はらう　とめる

オン よみかた
ジョ・［ニョ］・［ニョウ］

くん よみかた
おんな・［め］

つかいかた
女《じょ》せい・てん女《にょ》・ゆき女《おんな》

3かく　女女女

男

はらう　はねる

オン よみかた
ダン・ナン

くん よみかた
おとこ

つかいかた
男《だん》せい・ちょう男《なん》・ゆき男《おとこ》

7かく　男男男男男男男

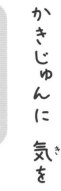

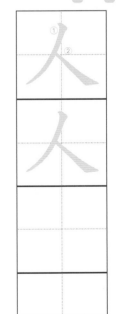

練習問題《れんしゅうもんだい》

（1つ10てん）

てん／100てん

線《せん》の かん字《じ》の よみがなを（　）に かきましょう。

① かわいい お**人**ぎょう。（　　）

② **子**どもの 日《ひ》の かしわもち。（　　）

③ ドレスを きた **女**の子《こ》。（　　）

④ **男**子《し》の グループ。（　　）

⑤ 王《おう》**子**さま。（　　）

□に あてはまる かん字《じ》を かきましょう。

⑥ □《ひと》 まえで おどる。

⑦ ちょう □《し》 が いい。

⑧ □《じょ》 子《し》の グループ。

⑨ □《おとこ》 の 子《こ》。

⑩ 日本《にほん》 □《じん》。

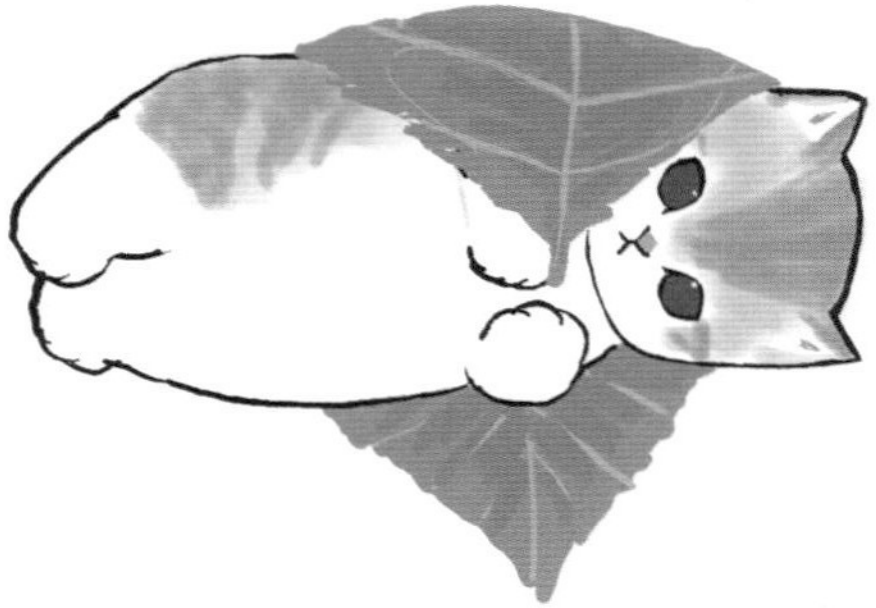

15 かたちや いろの かん字《じ》

かきじゅんに 気《き》を つけて、□に かん字《じ》を かきましょう。

月《がつ》 日《にち》

円

はねる

オン よみかた
エン

くん よみかた
まる（い）

つかいかた
一円《いちえん》・円《まる》い

4かく

青

とめる はねる

オン よみかた
セイ・［ショウ］

くん よみかた
あお・あお（い）

つかいかた
青年《せいねん》・青《あお》しんごう

8かく

赤

はらう はねる

オン よみかた
セキ・［シャク］

くん よみかた
あか・あか（い）・あか（らむ）・あか（らめる）

つかいかた
赤《せき》どう・赤《あか》しんごう

7かく

白

はらう

オン よみかた
ハク・［ビャク］

くん よみかた
しろ・しろ（い）・しら

つかいかた
くう白《はく》・白《しろ》くま

5かく

練習問題《れんしゅうもんだい》

（1つ10てん）

線《せん》の かん字《じ》の よみがなを （　） に かきましょう。

① ドーナツは **円**けいです。（　）

② **白**ばに のる。（　）

③ **円**い テーブル。（　）

④ **青**しゅんを サッカーに かける。（　）

⑤ **赤**はんで おいわい。（　）

てん／100てん

□ に あてはまる かん字《じ》を かきましょう。

⑥ 五百《ごひゃく》 □（えん）。

⑦ はっぱに □（あお） むし。

⑧ □（あか） ぐみと ⑨ □（しろ） ぐみ。

⑩ パスタを たべて 口《くち》が □（あか） くなる。

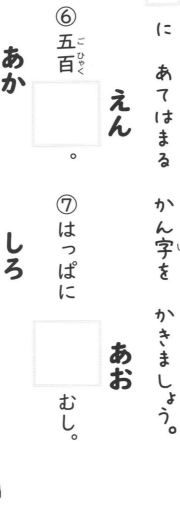

16 ふくしゅうドリル⑤

てん／100てん

月《がつ》　日《にち》

1 ただしい　かきじゅんの　（　）に　○を　かきましょう。（1つ5てん）

①
（　）一　了　子
（　）フ　了　子

②
（　）く　女　女
（　）一　女　女

③
（　）｜　冂　円　円
（　）冂　冂　円　円

④
（　）｜　口　日　白　白
（　）ノ　亻　白　白　白

2 ただしい　おくりがなを　えらんで、（　）に　○を　かきましょう。（1つ5てん）

①
（　）円るい
（　）円い

②
（　）青い
（　）青おい

③
（　）赤かい
（　）赤い

④
（　）白ろい
（　）白い

3

線《せん》の かん字《じ》の よみがなを （　　） に かきましょう。

（1つ5てん）

① 人気《き》の ある ケーキ。

② たくさんの 子ねこ。

③ ほんを もつ しょう女。

④ かれは 大《おお》男だ。

⑤ かおを 赤らめる。

⑥ 青ぞらの 下《した》で あそぶ。

⑦ 白ちょうの おや子《こ》。

4

□に あてはまる かん字《じ》を かきましょう。

（1つ5てん）

① び□（じん）。

② よう□（す）を みる。

③ □（あか） とんぼを おいかける。

④ かてい□（えん） まん。

⑤ □（しろ） くま。

17 しぜんに かんけいする かん字《じ》①

月《がつ》 日《にち》

かきじゅんに 気《き》を つけて、□に かん字《じ》を かきましょう。

草

オン よみかた　ソウ

くん よみかた　くさ

つかいかた　ざっ草《そう》・草《くさ》むら

9かく

花

オン よみかた　カ

くん よみかた　はな

つかいかた　花《か》だん・火花《ひばな》

7かく

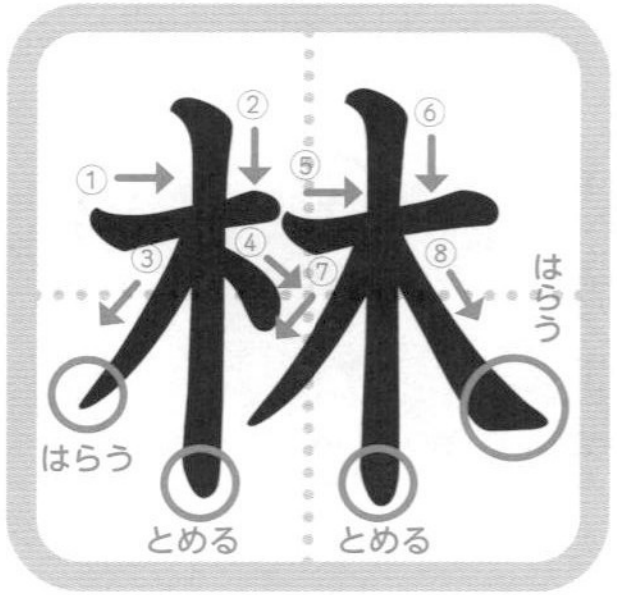

林

オン よみかた　リン

くん よみかた　はやし

つかいかた　林《りん》かんがっこう・すぎ林《ばやし》

8かく

森

オン よみかた　シン

くん よみかた　もり

つかいかた　森林《しんりん》・青森《あおもり》けん

12かく

練習問題《れんしゅうもんだい》 （1つ10てん）

線《せん》の かん字《じ》の よみがなを （　）に かきましょう。

①うみで かい**草**を とる。（　）

②ハチは **花**ふんを あつめます。（　）

③**林**の 中《なか》を さんぽする。（　）

④**森**林《りん》こうえん。（　）

□に あてはまる かん字《じ》を かきましょう。

⑤ くさ □とりの お手《て》つだい。

⑥ はな □たば。

⑦みつ りん □を ぼうけんする。

⑧ もり □に つづく みち。

てん／80てん

18 しぜんに かんけいする かん字《じ》②

月《がつ》　日《にち》

かきじゅんに 気《き》を つけて、□に かん字《じ》を かきましょう。

田

オン よみかた　デン

くん よみかた　た

つかいかた　ゆ田《でん》・田《た》うえ

5かく

田 田 田 田 田

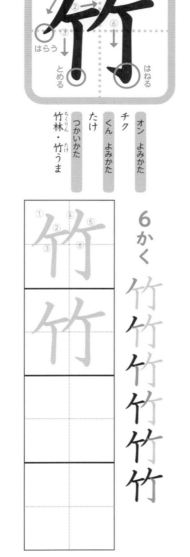

竹

はらう　とめる　はねる

オン よみかた　チク

くん よみかた　たけ

つかいかた　竹林《ちくりん》・竹《たけ》うま

6かく

竹 竹 竹 竹 竹 竹

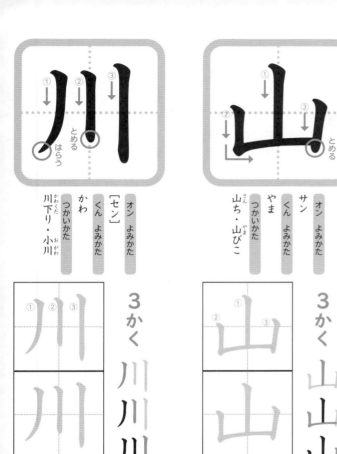

山

とめる

オン よみかた　サン

くん よみかた　やま

つかいかた　山《さん》ち・山《やま》びこ

3かく

山 山 山

川

はらう　とめる

オン よみかた　[セン]

くん よみかた　かわ

つかいかた　川下《かわくだ》り・小川《おがわ》

3かく

川 川 川

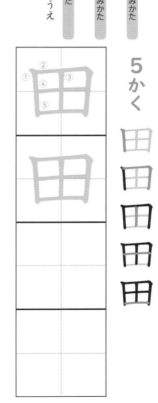

練習問題《れんしゅうもんだい》

（1つ10てん）

━線《せん》の かん字《じ》の よみがなを （　） に かきましょう。

① **田**んぼの かかし。（　　）

② **竹**とんぼを とばす。（　　）

③ ふじ**山**の ぼうしを かぶる。（　　）

④ **川**の むこうがわ。（　　）

□に あてはまる かん字《じ》を かきましょう。

⑤ でん □ えんふうけいを みる。

⑥ ちく □ わを たべる。

⑦ すなばで すな やま □ を つくる。

てん／70てん

19 ふくしゅうドリル⑥

てん／100てん

月《がつ》　日《にち》

1 あかい ぶぶんは なんかくめ ですか。□に すう字を かきましょう。（1つ5てん）

① 草 □

② 花 □

③ 林 □

④ 森 □

⑤ 田 □

⑥ 竹 □

⑦ 山 □

⑧ 川 □

2 ―線《せん》の かん字《じ》の よみがなを（　）に かきましょう。（1つ5てん）

① **草**木《き》が たくさん はえている。（　）

② **花**の かんむりを つくる。（　）

③ **林**まで はしる。（　）

④ **森**の どうぶつたち。（　）

⑤ 水《すい》**田**に いる むし。（　）

⑥ **竹**の子《こ》を ほる。（　）

⑦ たのしい **山**のぼり。（　）

3 □に あてはまる かん字《じ》を かきましょう。（1つ5てん）

① **そう** □げんの チーター。

② **か** □びん。

③ **しん** □林《りん》よくで リフレッシュ。

④ **ざん** 火《か》□が ふん火《か》する。

⑤ **かわ** □あそび。

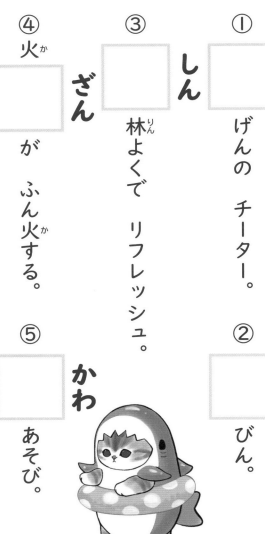

20 天気《てんき》に かんけいする かん字《じ》

月《がつ》　日《にち》

かきじゅんに 気《き》を つけて、□に かん字《じ》を かきましょう。

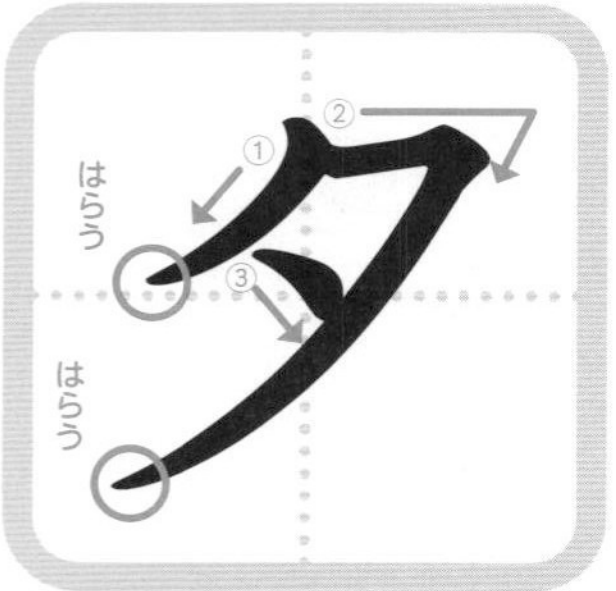

オン よみかた　[セキ]

くん よみかた　ゆう

つかいかた　夕《ゆう》かん・夕《ゆう》がた

3かく

オン よみかた　テン

くん よみかた　あま・[あめ]

つかいかた　せい天《てん》・天《あま》のじゃく

4かく

オン よみかた　クウ

くん よみかた　そら・あ（く）・あ（ける）・から

つかいかた　空気《くうき》・空《そら》もよう

8かく

オン よみかた　ウ

くん よみかた　あめ・あま

つかいかた　雨《う》りょう・大雨《おおあめ》

8かく

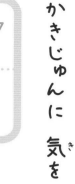

練習問題《れんしゅうもんだい》

（1つ10てん）

―線《せん》の かん字《じ》の よみがなを（　）に かきましょう。

①夕やけが とても きれい。（　）

②きょうは 天気《き》が よい。（　）

③よ空を ながめる。（　）

④雨やどりを して いこう。（　）

□に あてはまる かん字《じ》を かきましょう。

⑤□《あま》の川《がわ》。

⑥□《くう》こうから しゅっぱつ。

⑦□《あ》きかんを ひろう。

⑧らい□《う》に おどろく。

てん／80てん

21 生《い》きものや ものの かん字《じ》

月《がつ》　日《にち》

かきじゅんに 気《き》を つけて、□に かん字《じ》を かきましょう。

犬

はらう　はらう

オン よみかた
ケン

くん よみかた
いぬ

つかいかた
もうどう犬《けん》・
かい犬《いぬ》

4かく

虫

とめる

オン よみかた
チュウ

くん よみかた
むし

つかいかた
よう虫《ちゅう》・いも虫《むし》

6かく

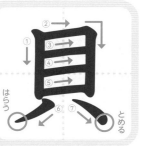

貝

はらう　とめる

くん よみかた
かい

つかいかた
貝《かい》がら・
二《に》まい貝《がい》

7かく

練習問題《れんしゅうもんだい》（1つ10てん）

線《せん》の かん字《じ》の よみがなを（　）に かきましょう。

①子《こ》**犬**と いっしょに あそぶ。（　）

②ぼくは なき**虫**じゃ ないもん。（　）

③ホタテの **貝**ばしら。（　）

□に あてはまる かん字《じ》を かきましょう。

ちゅう

④こん□を さがしに 森《もり》へ いく。

けん

⑤わがやの ばん□は かわいい。

てん／50てん

22 ふくしゅうドリル⑦

てん/100てん

月《がつ》　日《にち》

1 つぎの　よみかたの　かん字《じ》の　（　）に　○を　かきましょう。（1つ5てん）

① ゆう
（　）夕　（　）ク

② てん
（　）大　（　）天

③ そら
（　）空　（　）穴

④ あめ
（　）雨　（　）音

⑤ いぬ
（　）太　（　）犬

⑥ むし
（　）虫　（　）中

⑦ かい
（　）目　（　）貝

2 ―線《せん》の かん字《じ》の よみがなを（ ）に かきましょう。（1つ5てん）

①きょうの **夕**ごはんは カレー。（ ）

②**空**っぽの かんづめ。（ ）

③せきが **空**く。（ ）

④天《てん》気《き》**雨**が ふった。（ ）

⑤うんどうかいは **雨**天《てん》けっこう。（ ）

⑥わがやの あい**犬**です。（ ）

⑦**虫**ばに 気《き》をつけて。（ ）

3 □に あてはまる かん字《じ》を かきましょう。（1つ5てん）

①ぼくは □《てん》 さい。

②□《あ》 きちで あそぶ。

③□《そら》 を とぶ とり。

④□《あま》 ぐも。

⑤□《いぬ》 ごや。

⑥きれいな さくら □《がい》。

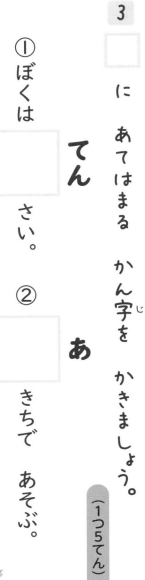

23 どうさを あらわす かん字《じ》①

月《がつ》　日《にち》

かきじゅんに 気《き》を つけて、□に かん字《じ》を かきましょう。

入

はらう　はらう

オン よみかた　ニュウ

くん よみかた　い（る）・い（れる）・はい（る）

つかいかた　入《にゅう》もん・入《い》り口《ぐち》

2かく

出

オン よみかた　シュツ・［スイ］

くん よみかた　で（る）・だ（す）

つかいかた　出《しゅっ》じょう・出口《でぐち》

5かく

早

オン よみかた　ソウ・［サッ］

くん よみかた　はや（い）・はや（まる）・はや（める）

つかいかた　足早《あしばや》・早《そう》ちょう

6かく

立

うえよりながく

オン よみかた　リツ・［リュウ］

くん よみかた　た（つ）・た（てる）

つかいかた　立《りっ》たい・立《た》ちばなし

5かく

練習問題《れんしゅうもんだい》

（1つ10てん）

てん／90てん

―線《せん》の　かん字《じ》の　よみがなを（　）に　かきましょう。

①プレゼントを　気《き》に入る。（　）

②出ぱつしんこう。（　）

③早口《くち》で　はなす。（　）

④き立　れい　ちゃくせき。（　）

⑤よていを　早める。（　）

□に　あてはまる　かん字《じ》を　かきましょう。

⑥□《にゅう》がくしき。

⑦□《で》口《ぐち》を　さがす。

⑧□《そう》ちょう　じてんしゃで　がっこうへ。

⑨さか□《だ》ちを　する。

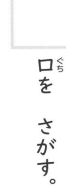

24 どうさを あらわす かん字《じ》②

月《がつ》　日《にち》

かきじゅんに 気《き》を つけて、□に かん字《じ》を かきましょう。

オン よみかた
ケン

くん よみかた
み（る）・み（える）・み（せる）

つかいかた
い見《けん》・見《み》かた

7かく

オン よみかた
キュウ

くん よみかた
やす（む）・やす（まる）・やす（める）

つかいかた
休《きゅう》か・ひる休《やす》み

6かく

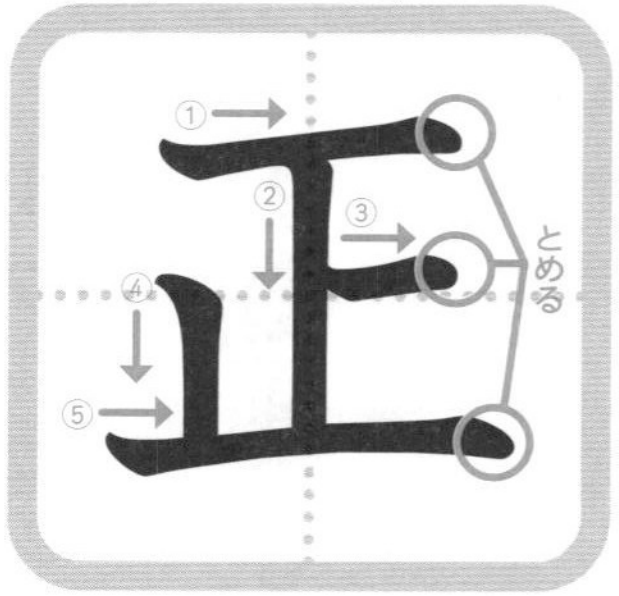

オン よみかた
セイ・ショウ

くん よみかた
ただ（しい）・ただ（す）・まさ

つかいかた
正《せい》もん・正《しょう》ご

5かく

練習問題《れんしゅうもんだい》

（1つ10てん）

てん／70てん

線《せん》の かん字《じ》の よみがなを （　） に かきましょう。

① あじ見は ぼくが します。（　）

② きょうは 休日《じつ》です。（　）

③ 正じきに はなしなさい。（　）

④ にくきゅうを 見せて。（　）

□に あてはまる かん字《じ》を かきましょう。

⑤ けん□ぶつする。

⑥ ハンモックで やす□む。

⑦ せい□かくに こたえを かく。

25 ふくしゅうドリル⑧

てん/100てん

月《がつ》　日《にち》

1 ただしい　おくりがなを　えらんで
ゴールまで　いきましょう。

（ぜんぶできて50点）

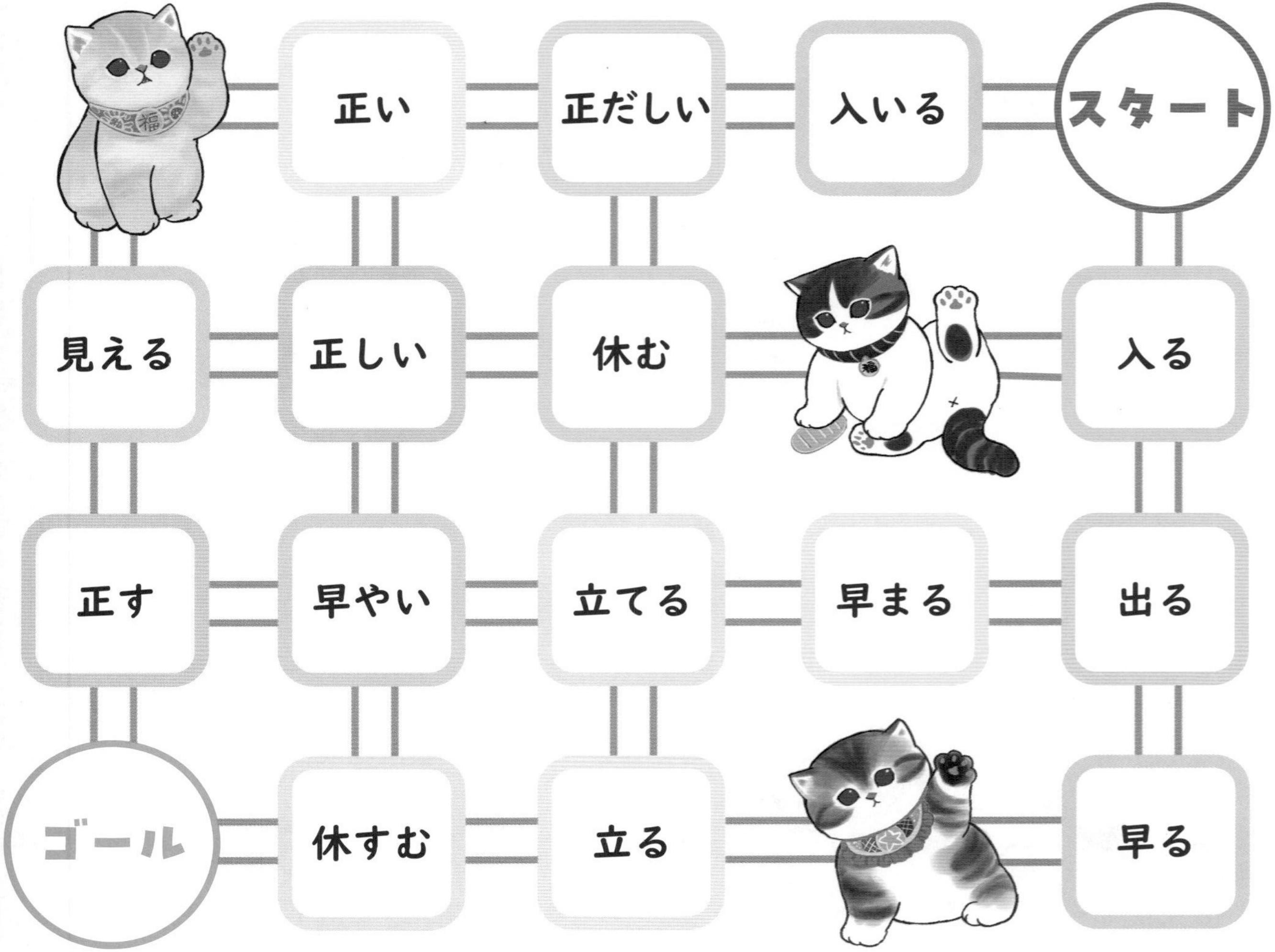

正い
正だしい
入いる
スタート
見える
正しい
休む
入る
正す
早やい
立てる
早まる
出る
ゴール
休すむ
立る
早る

2 線《せん》の かん字《じ》の よみがなを （　　） に かきましょう。 （1つ5てん）

① おし**入**れに かくれる。

② がい**出**の じゅんび。

③ **立**ぱな ネコに なりたい。

④ たからばこを はっ**見**した。

⑤ クイズに **正**かいする。

3 □に あてはまる かん字《じ》を かきましょう。 （1つ5てん）

① 日《ひ》の □《**で**》。

② □《**はや**》おきを する。

③ □《**み**》ほんを もらう。

④ なつ□《**やす**》み。

⑤ お□《**しょう**》月《がつ》の あいさつ。

26 ものを あらわす かん字《じ》

かきじゅんに 気《き》を つけて、□に かん字《じ》を かきましょう。

月《がつ》　日《にち》

玉

いちばんながく

オン よみかた：ギョク

くん よみかた：たま

つかいかた：玉《ぎょく》ろ・五円玉《ごえんだま》

5かく

糸

はらう　とめる　とめる

オン よみかた：シ

くん よみかた：いと

つかいかた：せい糸《し》・糸口《いとぐち》

6かく

石

はらう　とめる　とめる

オン よみかた：セキ・シャク・[コク]

くん よみかた：いし

つかいかた：石《せき》ゆ

5かく

車

オン よみかた：シャ

くん よみかた：くるま

つかいかた：車《しゃ》こ・車《くるま》いす

7かく

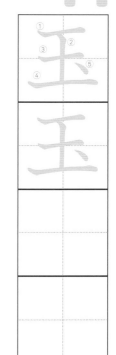

練習問題《れんしゅうもんだい》

（1つ10てん）

線《せん》の かん字《じ》の よみがなを（　）に かきましょう。

① 水《みず》**玉**が お気《き》に入《い》り。（　）

② 一《いっ》**糸** みだれぬ うごき。（　）

③ きみは **石**あたまだな。（　）

④ じてん**車**で いどう する。（　）

⑤ じ**石**で あそぶ。（　）

□に あてはまる かん字《じ》を かきましょう。

⑥ ほう□。（**ぎょく**）

⑦ たこの□が きれた。（**いと**）

⑧ きょうりゅうの か□。（**せき**）

⑨ かた□が 大《だい》すき。（**ぐるま**）

てん／90てん

27 よの中《なか》に かんけいする かん字《じ》

月《がつ》　日《にち》

かきじゅんに 気《き》を つけて、□に かん字《じ》を かきましょう。

王

いちばんながく

オン よみかた
オウ

つかいかた
王《おう》さま

4かく

村

はらう　とめる　はねる

オン よみかた
ソン

くん よみかた
むら

つかいかた
山村《さんそん》・村《むら》ざと

7かく

町

はねる

オン よみかた
チョウ

くん よみかた
まち

つかいかた
町《ちょう》ないかいかい・町《まち》はずれ

7かく

練習問題《れんしゅうもんだい》 （1つ10てん）

線《せん》の かん字《じ》の よみがなを （　）に かきましょう。

① **王**かんを かぶる ねこ。 （　　）

② **村**まつりが はじまる。 （　　）

③ **町**ちょうの おはなし。 （　　）

てん／60てん

□に あてはまる かん字《じ》を かきましょう。

④ □《おう》女《じょ》さまは ケーキが すき。

⑤ のう□《そん》に すんで います。

⑥ □《まち》の ひろばで コンサート。

28 ふくしゅうドリル⑨

てん/100てん

月《がつ》　日《にち》

1 ただしい　かきじゅんの（　）に　○を　かきましょう。（1つ5てん）

①
（　）一 丁 干 王
（　）一 二 干 王

②
（　）一 ア 不 石 石
（　）一 ア 不 不 石 石

③
（　）く 幺 幺 糸 糸 糸
（　）く 幺 幺 糸 糸 糸

④
（　）一 丁 干 干 玉
（　）一 丁 干 王 玉

⑤
（　）一 十 才 木 村 村 村
（　）一 十 才 木 村 村 村

⑥
（　）一 厂 百 百 亘 車 車
（　）一 厂 百 百 亘 亘 車

⑦
（　）丨 冂 冂 田 田 田 町
（　）丨 冂 日 用 田 田 町

2 線《せん》の かん字《じ》の よみがなを（　）に かきましょう。（1つ5てん）

①**玉**ろの おちゃ。（　　）

②**糸**でんわで ないしょばなし。（　　）

③ほう**石**の ついた ゆびわ。（　　）

④でん**車**に のります。（　　）

⑤**王**さまと はなす。（　　）

⑥**村**ちょうさんの はなし。（　　）

⑦となり**町**の こうえん。（　　）

3 □に あてはまる かん字《じ》を かきましょう。（1つ5てん）

① 目《め》□やき。（**だま**）

② け□の マフラー。（**いと**）

③ □を なげる。（**いし**）

④ □の うんてん。（**くるま**）

⑤ □の 子《こ》どもたち。（**むら**）

⑥ □かど。（**まち**）

29 学校《がっこう》に かんけいする かん字《じ》①

月《がつ》 日《にち》

かきじゅんに 気《き》を つけて、□に かん字《じ》を かきましょう。

オン よみかた　メイ・ミョウ

くん よみかた　な

つかいかた　し名《めい》・名字《みょうじ》・あて名《な》

6かく

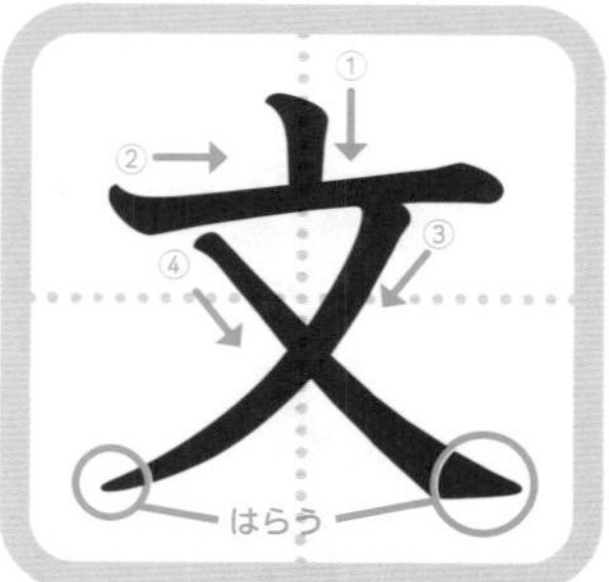

オン よみかた　ブン・モン

くん よみかた　[ふみ]

つかいかた　文《ぶん》しょう・天文《てんもん》だい

4かく

オン よみかた　オン・[イン]

くん よみかた　おと・ね

つかいかた　音《おん》せい・もの音《おと》・よわ音《ね》

9かく

オン よみかた　ジ

くん よみかた　[あざ]

つかいかた　かん字《じ》・しゅう字《じ》

6かく

練習問題《れんしゅうもんだい》

（1つ10てん）

線《せん》の かん字《じ》の よみがなを（　）に かきましょう。

①**名**まえは にゃんこ です。（　　）

②ちゅう**文**は なんですか。（　　）

③**音**がくが きこえる。（　　）

④すう**字**を かぞえる。（　　）

□に あてはまる かん字《じ》を かきましょう。

⑤ケーキづくりの □（めい） 人《じん》。

⑥さく□（ぶん）を ほめられる。

⑦とおくで 水《みず》□（おと）が する。

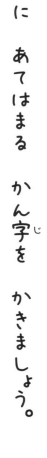

30 学校《がっこう》に かんけいする かん字《じ》②

月《がつ》　日《にち》

かきじゅんに 気《き》を つけて、□に かん字《じ》を かきましょう。

オン よみかた　ガク
くん よみかた　まな(ぶ)
つかいかた　学《がく》しゅう・学《まな》びや

8かく

オン よみかた　セイ・ショウ
くん よみかた　い(きる)・い(かす)・い(ける)・う(まれる)・う(む)・は(やす)・は(える)・なま・[おう]・[き]
つかいかた　学生《がくせい》・生《しょう》がい

5かく

オン よみかた　ホン
くん よみかた　もと
つかいかた　本《ほん》や・くま本《もと》けん

5かく

オン よみかた　コウ
つかいかた　てん校《こう》・学校《がっこう》

10かく

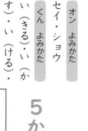

練習問題《れんしゅうもんだい》（1つ10てん）

てん／100てん

線《せん》の かん字《じ》の よみがなを （　） に かきましょう。

① おにいさんは 大《だい》**学**せい。（　）

② まい日《にち》の **生**かつ。（　）

③ あしたから **本**気《き》を 出《だ》す。（　）

④ 下《げ》**校**の じかんだ。（　）

⑤ 木《き》が **生**える。（　）

□に あてはまる かん字《じ》を かきましょう。

⑥ さんすうを **まな** □ ぶ。

⑦ **い** □ きる。

⑧ **ほん** □ だなを つくる。

⑨ **なま** □ やさい。

⑩ にわとりが たまごを **う** □ む。

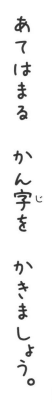

31 ふくしゅうドリル⑩

てん/100てん

月《がつ》　日《にち》

1 あかい ぶぶんは なんかくめ ですか。□に すう字《じ》を かきましょう。

（1つ5てん）

① 名 □

② 文 □

③ 音 □

④ 字 □

⑤ 学 □

⑥ 生 □

⑦ 本 □

⑧ 校 □

2

線《せん》の かん字《じ》の よみがなを（　）に かきましょう。（1つ5てん）

① ゆう名人。（　　）

② 文ぼうぐを そろえる。（　　）

③ 音どくを ほめられる。（　　）

④ あしたは 入《にゅう》学しき。（　　）

⑤ 赤《あか》ちゃんが 生まれる。（　　）

⑥ 校ていで ドッジボール。（　　）

3

□に あてはまる かん字《じ》を かきましょう。（1つ5てん）

① あだ□《な》。

② □《もん》くばかり いわないで。

③ 足《あし》□《おと》。

④ しゅう□《じ》の れんしゅう。

⑤ □《い》きものを たいせつに。

⑥ え□《ほん》。

32 とくべつな よみかたを する かん字《じ》

月《がつ》 日《にち》

よみかたに 気《き》をつけて、□に かん字《じ》を かきましょう。

一日《ついたち》

□

一…6ページ
日…14ページ

二十日《はつか》

□

二…6ページ
十…10ページ
日…14ページ

二人《ふたり》

□

二…6ページ
人…32ページ

七夕《たなばた》

□

七…8ページ
夕…44ページ

下手《へた》

□

下…20ページ
手…26ページ

二日《ふつか》

□

二…6ページ
日…14ページ

一人《ひとり》

□

一…6ページ
人…32ページ

大人《おとな》

□

大…22ページ
人…32ページ

上手《じょうず》

□

上…20ページ
手…26ページ

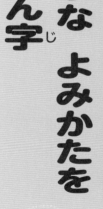

練習問題《れんしゅうもんだい》

（1つ10てん）

―線《せん》の かん字《じ》の よみがなを （　）に かきましょう。

① 四月《しがつ》一日。（　　）

② あと二日で なつ休《やす》み。（　　）

③ 一人で できるもん。（　　）

④ 大人と あるく。（　　）

⑤ 上手に ケーキを つくりました。（　　）

てん／100てん

□に あてはまる かん字《じ》を かきましょう。

⑥ 五月《ごがつ》 □□□（はつか）。

⑦ □□（ひとり）っ子《こ》。

⑧ □□（ふたり）で あそぶ。

⑨ □□（たなばた）。

⑩ たべるのが □□（へた）。

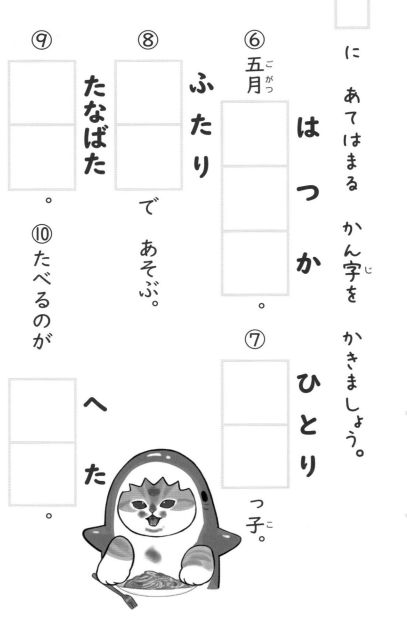

33 まとめテスト①

てん／100てん

月《がつ》　日《にち》

1 ゴールまで　小《ちい》さい　かずから　じゅんばんに　すすみましょう。（ぜんぶできて25点）

スタート ▼（右上の「一」から）

六	八	二	一
七	一	三	九
八	七	四	八
九	六	五	二

▼ ゴール（左下の「九」へ）

2 つぎの　かん字《じ》の　かくすうを　（　）に　かきましょう。（1つ3てん）

① 夕（　　）
② 中（　　）
③ 文（　　）
④ 先（　　）
⑤ 音（　　）
⑥ 町（　　）
⑦ 花（　　）
⑧ 校（　　）
⑨ 車（　　）

3 つぎの かん字《じ》を 足《た》して できる かん字《じ》を □にかきましょう。 （1つ5てん）

（例）木＋木＝**林**

①夕＋口＝□

②日＋十＝□

③田＋力＝□

④立＋日＝□

4 正《ただ》しい おくりがなに ◯を かきましょう。 （1つ3てん）

① （　）青おい （　）青い

② （　）生える （　）生る

③ （　）空ける （　）空る

④ （　）学ぶ （　）学なぶ

5 おなじ よみの かん字《じ》を □に かきましょう。 （1つ4てん）

① **あま**□やどり　**あま**□の川《がわ》

② **か**□山《ざん》　**か**□びん

③ **た**□つ　**た**□す

④ **そう**□げん　**そう**□ちょう

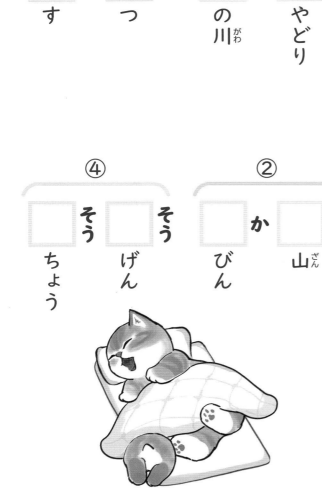

34 まとめテスト②

てん／100てん

月《がつ》　日《にち》

1 おなじ　ぶぶんを　もつ　かん字《じ》を　□　に　かきましょう。（1つ3てん）

① ひゃく □　しろ □

② じゅう □　せん □

③ き □　ほん □

④ おう □　たま □

⑤ かい □　けん □

⑥ じ □　がく □

⑦ いし □　な □

⑧ た □　まち □

⑨ はな □　くさ □

⑩ はやし □　むら □

2 下《した》の　かん字《じ》を　グループに　わけて、□　に　かきましょう。（1つ1てん）

生《い》きもの　□・□

いろ　□・□

しぜん　□・□

もの　□・□

糸	竹	青	犬
虫	白	車	森

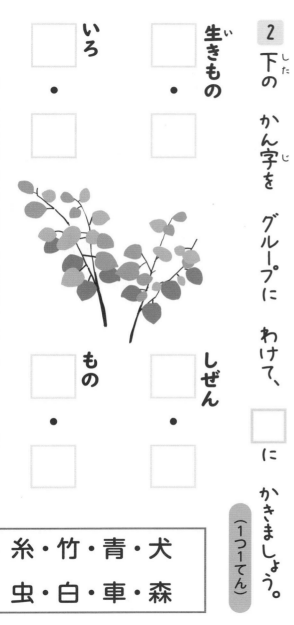

3 くみに なる かん字《じ》を □ に かきましょう。（1つ2てん）

① □《あ》がる ↕ □《さ》がる

② □《ひ》 ↕ □《みず》

③ □《みぎ》 ↕ □《ひだり》

④ □《はい》る ↕ □《で》る

⑤ □《おお》きい ↕ □《ちい》さい

⑥ □《やま》 ↕ □《かわ》

4 ひとに かんけいする、——線《せん》の かん字《じ》の よみがなを（ ）に かきましょう。（1つ1てん）

① ハンカチで **口**（ ）を ふく。

② **気**（ ）もちが いい。

③ **手**（ ）を たたいて よろこぶ。

④ ボールを **足**（ ）で ける。

⑤ **力**（ ）を こめて おもちを つく。

⑥ **人**（ ）が おおい こうえんだ。

⑦ **耳**（ ）を すまして きく。

⑧ ねこの **子**（ ）が あそんでいる。

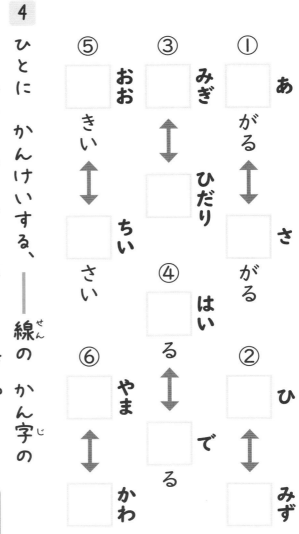

こたえあわせ

1 かずの かん字《じ》① 7ページ

①いち ②に ③みっ ④ふた ⑤よん ⑥一 ⑦二 ⑧三 ⑨四 ⑩一

2 かずの かん字《じ》② 9ページ

①ご ②ろく ③なな ④はち ⑤やっ ⑥五 ⑦六 ⑧七 ⑨八 ⑩六

3 かずの かん字《じ》③ 11ページ

①きゅう ②じっ(じゅっ) ③ひゃく ④せん ⑤じゅう ⑥九 ⑦十 ⑧百 ⑨千 ⑩九

4 ふくしゅう ドリル① 12・13ページ

1
①三 ②五 ③四 ④六 ⑤七 ⑥九 ⑦八 ⑧十 ⑨百 ⑩千

2
①いち ②はっ ③ここの ④よん ⑤ち

3
①三 ②七 ③六 ④十 ⑤百

5 年《とし》や 日《ひ》にちの かん字《じ》① 15ページ

①とし ②じつ ③つき ④か ⑤にち ⑥年 ⑦日 ⑧月 ⑨火 ⑩月

6 年《とし》や 日《ひ》にちの かん字《じ》② 17ページ

①すい ②き ③かね ④つち ⑤かな ⑥水 ⑦木 ⑧金 ⑨土 ⑩木

7 ふくしゅう　ドリル②　18・19ページ

1 ①日 ②月 ③火 ④水 ⑤木 ⑥金 ⑦土

2 ①年 ②日 ③月

3 ①とし ②にっ ③び ④みず ⑤きん

4 ①日 ②月 ③木 ④土 ⑤火

8 ほうこうを　あらわす　かん字《じ》　21ページ

①うえ ②した ③みぎ ④さ ⑤のぼ ⑥上 ⑦下 ⑧右 ⑨左 ⑩下

9 大《おお》きさ・じゅんじょを　あらわす　かん字《じ》　23ページ

①おお ②ちゅう ③こ ④せん ⑤しょう ⑥大 ⑦中 ⑧小 ⑨先 ⑩大

10 ふくしゅう　ドリル③　24・25ページ

1 ①**うえ** 上 ②**みぎ** 右 ③**ゆびさき** 先 ④**した** 下 ⑤**ひだり** 左

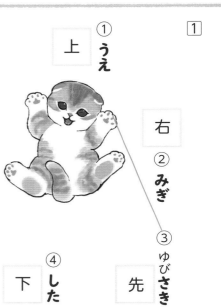

⑥大 ⑦中 ⑧小

2 ①みぎ ②ひだり ③か ④せん ⑤おお ⑥なか ⑦しょう

3 ①上 ②下 ③大 ④小 ⑤先

11 人《ひと》に　かんけいする　かん字《じ》①　27ページ

①こう ②もく ③みみ ④しゅ ⑤め ⑥口 ⑦目 ⑧目 ⑨口 ⑩手

こたえあわせ

12 人《ひと》に　かんけいする　かん字《じ》②　29ページ

① あし　② た　③ け　④ りょく
⑤ 足　⑥ 気　⑦ 力

13 ふくしゅう　ドリル④　30・31ページ

1

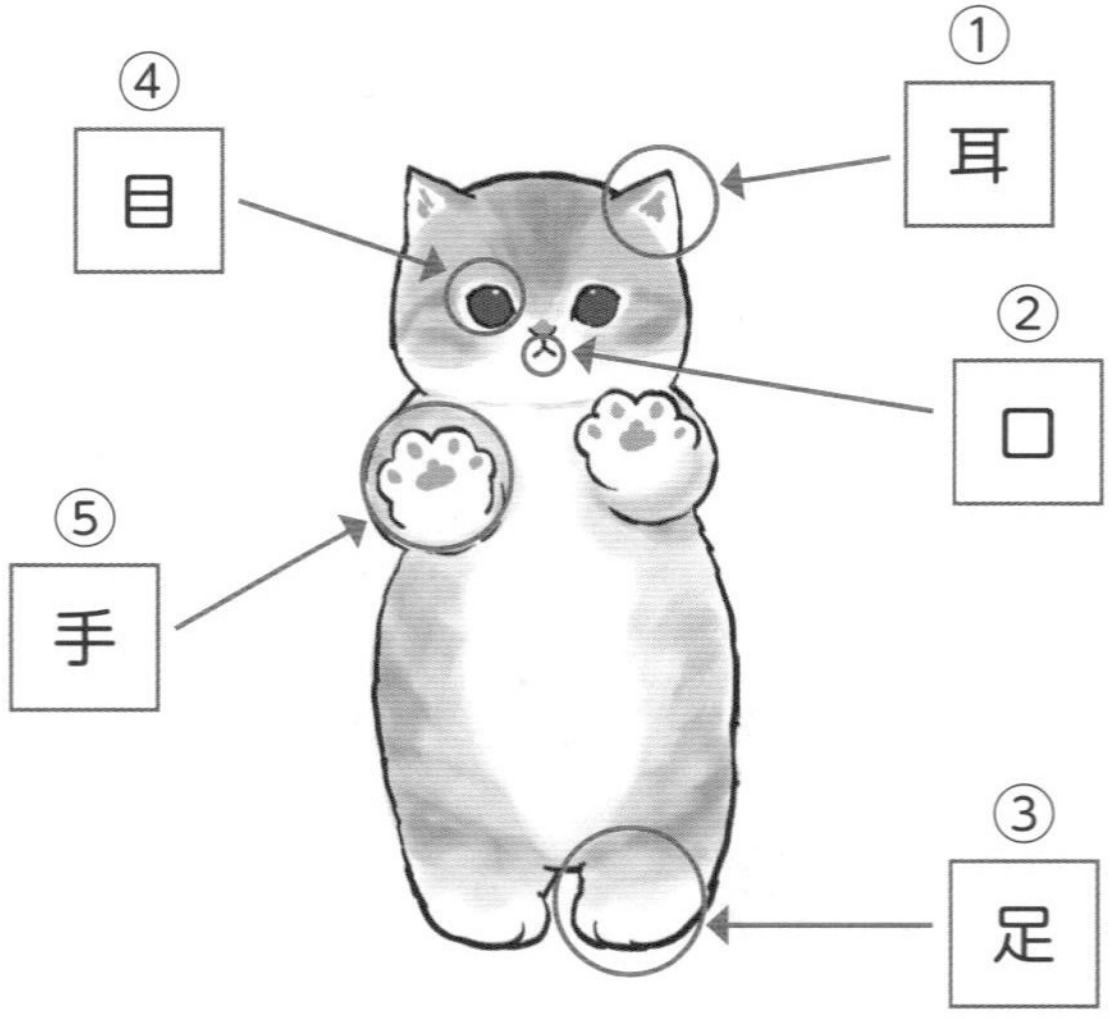

2 ① くち　② め　③ て　④ みみ
⑤ そく

3 ① 目　② 手　③ 気　⑤ 力　⑤ 力

14 人《ひと》に　かんけいする　かん字《じ》③　33ページ

① にん　② こ　③ おんな　④ だん
⑤ じ　⑥ 人　⑦ 子　⑧ 女　⑨ 男
⑩ 人

15 かたちや　いろの　かん字《じ》　35ページ

① えん　② はく　③ まる　④ せい
⑤ せき　⑥ 円　⑦ 青　⑧ 赤　⑨ 白
⑩ 赤

16 ふくしゅう　ドリル⑤　36・37ページ

1

①
（　）一 二 子
（○）㇇ 了 子

②
（○）く 女 女
（　）一 七 女

③
（○）丨 冂 円 円
（　）㇆ 冂 円 円

④
（　）丨 冂 日 日 白
（○）ノ 亻 白 白 白

2

①（ ）円るい ②（○）青い

（○）円い （ ）青おい

③（ ）赤かい ④（ ）白ろい

（○）赤い （○）白い

3

①にん ②こ ③じょ ④おとこ

⑤あか ⑥あお ⑦はく

4

①人 ②子 ③赤 ④円 ⑤白

17 しぜんに かんけいする かん字《じ》① 39ページ

①そう ②か ③はやし ④しん

⑤草 ⑥花 ⑦林 ⑧森

18 しぜんに かんけいする かん字《じ》② 41ページ

①た ②たけ ③さん ④かわ

⑤田 ⑥竹 ⑦山

19 ふくしゅう ドリル⑥ 42・43ページ

1

①4 ②6 ③2 ④4 ⑤3

⑥4 ⑦3 ⑧2

2

①くさ ②はな ③はやし

④もり ⑤でん ⑥たけ ⑦やま

3

①草 ②花 ③森 ④山 ⑤川

20 天《てん》気《き》に かんけいする かん字《じ》 45ページ

①ゆう ②てん ③ぞら ④あま

⑤天 ⑥空 ⑦空 ⑧雨

21 生《い》きものや ものの かん字《じ》 47ページ

①いぬ ②むし ③かい ④虫

⑤犬

こたえあわせ

22 ふくしゅう ドリル⑦ 48・49ページ

1

① ゆう（ ）ク （○）夕
② てん（○）天 （ ）大
③ そら（ ）穴 （○）空
④ あめ（ ）音 （○）雨
⑤ いぬ（○）犬 （ ）太
⑥ むし（ ）中 （○）虫
⑦ かい（○）貝 （ ）目

2

①ゆう ②から ③あ ④あめ ⑤う ⑥けん ⑦むし

3

①天 ②空 ③空 ④雨 ⑤犬 ⑥貝

23 どうさを あらわす かん字《じ》① 51ページ

①い ②しゅっ ③はや ④りつ ⑤はや ⑥入 ⑦出 ⑧早 ⑨立

24 どうさを あらわす かん字《じ》② 53ページ

①み ②きゅう ③しょう ④み ⑤見 ⑥休 ⑦正

25 ふくしゅう ドリル⑧ 54・55ページ

1

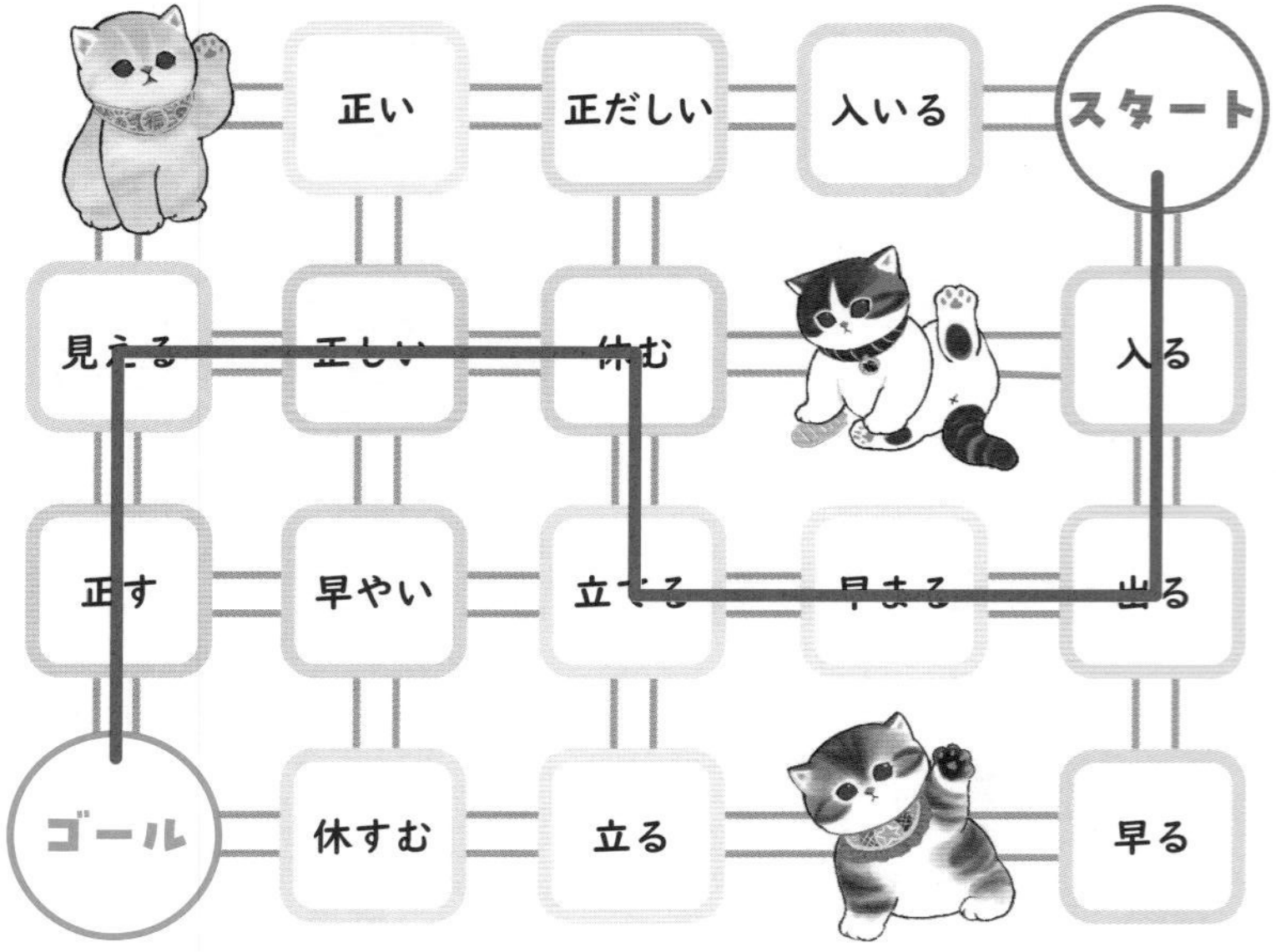
スタート
入いる
正だしい
正い
入る
休む
正しい
見える
出る
早まる
立てる
正す
早る
立る
休すむ
ゴール

2 ①い ②しゅつ ③りっ ④けん ⑤せい

3 ①出 ②早 ③見 ④休 ⑤正

26 ものを あらわす かん字《じ》 57ページ

①たま ②し ③いし ④しゃ ⑤しゃく ⑥玉 ⑦糸 ⑧石 ⑨車

27 よの中《なか》に かんけいする かん字《じ》 59ページ

①おう ②むら ③ちょう ④王 ⑤村 ⑥町

28 ふくしゅう ドリル⑨ 60・61ページ

1

① (◎)一丁干王　( )一二干王

② (◎)一ア不石石　( )一ア不不石石

③ ( )く幺幺糸糸　(◎)く幺幺糸糸

④ ( )一丁干玉　(◎)一丁干王玉

⑤ (◎)一十才木村村　( )一十才村村村

⑥ ( )一ㄏ百亘車　(◎)一ㄏ百亘車

⑦ (◎)丨冂田田町　( )丨冂田田町

2 ①ぎょく ②いと ③せき ④しゃ ⑤おう ⑥そん ⑦まち

3 ①玉 ②糸 ③石 ④車 ⑤村 ⑥町

29 学校《がっこう》に かんけいする かん字《じ》① 63ページ

①な ②もん ③おん ④じ ⑤名 ⑥文 ⑦音

30 学校《がっこう》に かんけいする かん字《じ》② 65ページ

①がく ②せい ③ほん ④こう ⑤は ⑥学 ⑦生 ⑧本 ⑨生 ⑩生

31 ふくしゅう ドリル⑩ 66・67ページ

1 ①3 ②4 ③5 ④4 ⑤5 ⑥3 ⑦3 ⑧5

2 ①めい ②ぶん ③おん ④がく ⑤う ⑥こう

3 ①名 ②文 ③音 ④字 ⑤生 ⑥本

こたえあわせ

32 とくべつな よみかたを する かん字 69ページ

① ついたち ② ふつか ③ ひとり
④ おとな ⑤ じょうず ⑥ 二十日
⑦ 一人 ⑧ 二人 ⑨ 七夕 ⑩ 下手

33 まとめ テスト① 70・71ページ

1（めいろ）

スタート

六	八	三	
七	一	三	九
八	七	四	八
九	大	五	二

ゴール

2
① 3 ② 4 ③ 4 ④ 6 ⑤ 9
⑥ 7 ⑦ 7 ⑧ 10
⑨ 7

3
① 名 ② 早
③ 男 ④ 音

34 まとめ テスト② 72・73ページ

1（右から）
① 百・白 ② 十・千
③ 木・本 ④ 王・玉
⑤ 貝・見 ⑥ 字・学
⑦ 石・名 ⑧ 田・町
⑨ 花・草 ⑩ 林・村

2
生きもの：犬・虫
しぜん：竹・森
いろ：青・白
もの：糸・車

3
① 上・下 ② 火・水
③ 右・左 ④ 入・出
⑤ 大・小 ⑥ 山・川

4
① くち ② き
③ て ④ あし
⑤ ちから ⑥ ひと
⑦ みみ ⑧ こ

5（右から）
① 雨・天 ② 火・花
③ 立・足 ④ 草・早

4
① （○）青い　② （○）青い
　 （　）青おい　（　）生る
③ （○）空ける　④ （○）学ぶ
　 （　）空る　　（　）学なぶ
① （○）生える
② （○）青い
③ （○）空ける
④ （○）学ぶ

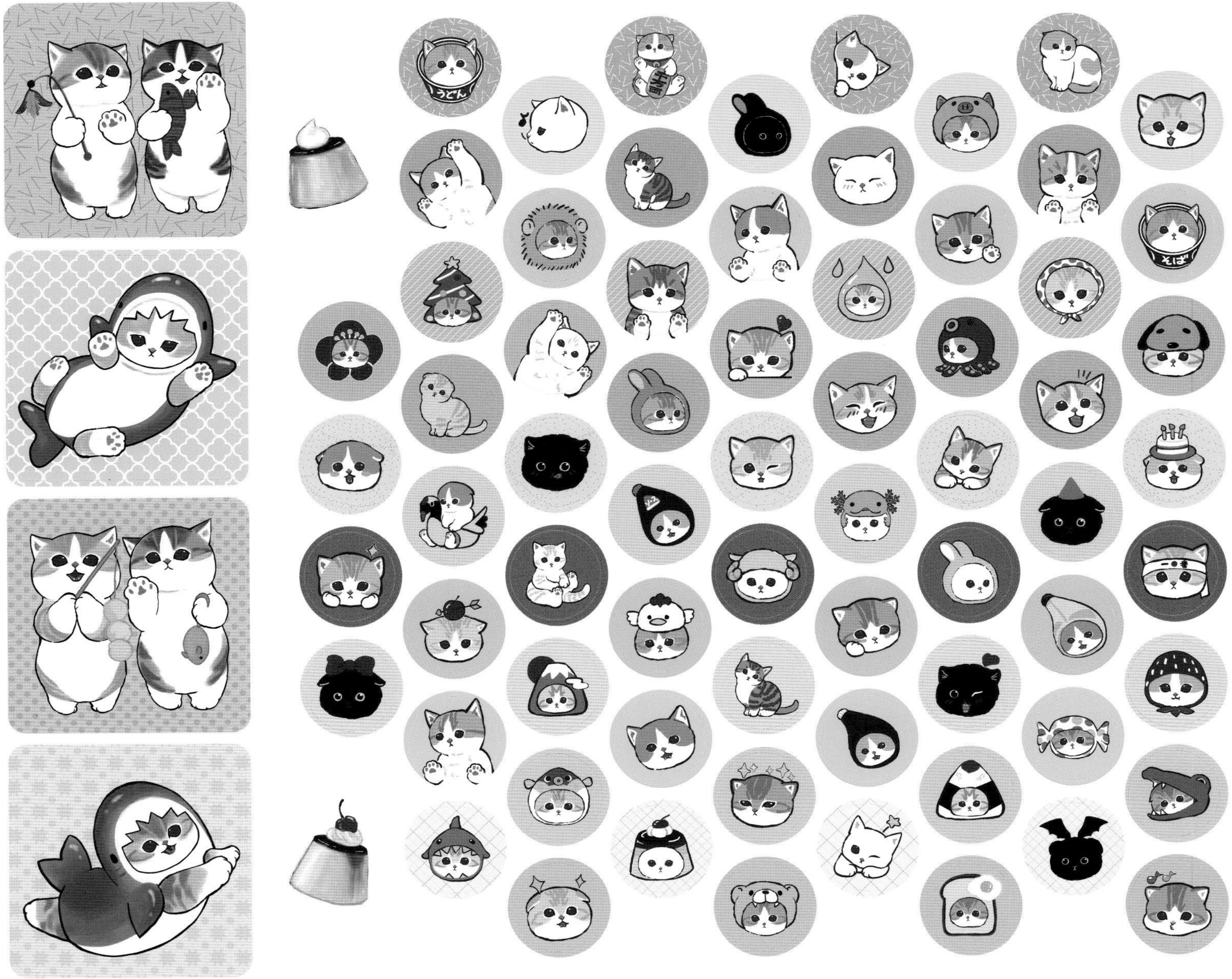

できたねシール

べんきょうがおわったらうらびょうしにシールをはろう！

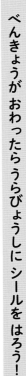